七里河讲堂

张伯驹十五讲

张恩岭 著

河南人民出版社

图书在版编目(CIP)数据

张伯驹十五讲/张恩岭著. —郑州:河南人民出版社,2020.7

(七里河讲堂)

ISBN 978-7-215-12390-8

Ⅰ. ①张… Ⅱ. ①张… Ⅲ. ①张伯驹(1898-1982)-生平事迹 Ⅳ. ①K825.4

中国版本图书馆 CIP 数据核字(2020)第 104137 号

河南人民出版社 出版发行

(地址:郑州市郑东新区祥盛街 27 号 邮政编码:450016 电话:65788053)

新华书店经销　　河南瑞之光印刷股份有限公司印刷

开本 710 毫米×1000 毫米 1/16 印张 13.5

字数 182 千字

2020 年 7 月第 1 版　　2020 年 7 月第 1 次印刷

定价:38.00 元

前　言

张伯驹是中国近现代文化史上一个极具魅力的响亮名字。有人说要么不知道，只要知道了就难以忘记。诸位信否？且看几位大家对他的评价：一是红学大家周汝昌，他说：“如以词人之词而论，则中国词史当以李后主为首，而以先生为殿——在他之后，恐怕不易再产生这种真正的词人之词了。”二是著名学者启功评价张伯驹是“前无古人，后无来者，天下民间收藏第一人”。三是著名民主人士千家驹曾说：“我参加追悼会不知道有多少次了。很多人悼词上都无一例外写着永垂不朽，依我看，并非都能永垂不朽，真正的不朽者，张伯驹是一个。”

词作和文物收藏的确是张伯驹平生最卓越和伟大的文化成就，在这两个领域，确实难有超越之人。除此之外，张伯驹还是一位有特殊贡献的戏剧家和具有独特风格的书画家。

至于千家驹的话，主要是赞扬张伯驹的风范和人格的。事实上也是，自从张伯驹 1982 年逝世以后，30 多年来怀念和评价他的文章、讲话，就不断见诸报刊，记其生平的书籍更是时有新作问世。人们纪念他、歌颂他、研究他的热度和兴趣长盛不衰。他的“出镜率”甚至高过中国古代和现代的诸多名人。为什么会这样呢？是因为张伯驹首先是一个伟大的爱国者，在他身上所体现出来的中国文人的宝贵气质和品德，正是中华民族和中华文化陶冶的自强不息、厚德载物的民族精神，是民族脊梁的象征。除却他的文化成就和人格魅力之外，他还是一位很有故事的人物，而他的故事，又被不断地传奇化，以至于今日世间传说的张伯驹在很大程度上成了传奇化了的张伯驹。当然，人们对他的传奇化是出于景仰之情和好奇之心，绝无半点恶意。

虽然如此，我还是觉得，对于实际上一生苦乐兼备、命运多舛、成就卓绝的文化大家的传奇化还是不太严肃的，对历史的认知也是不太严肃的。例如,30 多年来,一些述说张伯驹生平的传记作品是这样概括和评价张伯驹的:“京城玩主”“大收藏家”“国宝”“传奇”“民国公子”等。这些概括和评价似乎都对,但不全面。其实,这些说法大部分只是抓住了张伯驹某些突出的特色或历史的某个瞬间,但都不是完整的张伯驹。

那么,应该怎样对待和评价张伯驹呢?国学大师冯其庸评价张伯驹是“国士高风倾万世、天荒地老一真人”;《人民日报》发表的一篇纪念张伯驹120 周年诞辰的文章称他是“百代高标,千秋丛碧”。故宫博物院原院长单霁翔更是称赞张伯驹“星耀河瀚,泽被文化”。这些,才是对张伯驹最为准确和精彩的评价。

正是抱着这样的认识,我愿意以实事求是、拒绝戏说的态度来讲张伯驹。当然,拒绝戏说的态度并不意味着不讲故事,这本书就以讲张伯驹的故事为主,对许多故事,我在写作中就忍不住笑了起来。这些故事既是真实的,也是生动有趣的。同时,在语言风格上,也力主通俗易懂、生动活泼、幽默风趣。至于能否达到这样的效果,还要请读者评判。

目 录
CONTENTS

第一讲 人见人爱张伯驹

张伯驹出生于清光绪二十四年（1898）正月二十二日，家居河南省项城市（县）秣陵镇（原项城县县城）闫楼村，距县城仅3里之遥。

张伯驹谱名家骐，字伯驹，后即以字行。初号冻云楼主，而立后改号“丛碧”，又号“好好先生”“春游主人”“重瞳乡人”等。但张伯驹作画、作文多署“丛碧”，久而久之，人们便以“丛碧”为其字，如他的女婿楼宇栋在《张伯驹小传》中说：“张伯驹字丛碧，别号好好先生。”他的女儿张传綵也在《我的父亲张伯驹》一文中说：“我的父亲张伯驹，字丛碧。”丛碧也的确是个好名字，本意就含有清灵、高远、纯洁、不染凡尘的意蕴。名副其人，张伯驹正是这样的一个人。

要讲张伯驹，还要先从张伯驹的祖辈和父辈们讲起。

祖辈与父亲

张伯驹出生的项城县，地处河南省东南部，与安徽省交界，惯称豫东平原，今属周口市。但其时项城自然条件很差，因地势低洼，交通不便，被人称为“泽国”，是一个偏僻贫穷而又闭塞的地方。

张伯驹的祖上是明朝初年由山西洪洞移民到项城的。其祖上以耕读为业，是经过几代人的勤恳持家、攻读学业，才逐渐富裕，并成为书香之家的。张伯驹的老太爷名叫张致远，字静斋，饱读诗书，应童子试名列前茅，仕途有望，但县太爷放出风声，意在索取贿赂。然而，张家“求仁维克己，羞趋邑宰门”，不吃这一套，因此便断了仕途当官的念头。

张伯驹的爷爷名叫张瑞桢，字恩周，却执意走科举之路，苦读半生，“寒窗四十载，破壁晚登龙”，直到50多岁才中了光绪甲午科(1894)乡试举人。但却止步于此，再无进取，也没当官。

据张伯驹的父亲张镇芳的《张公馨庵墓志铭》记载：“镇芳之父恩周先生，学识渊博，且有文才，但于科举不利，未能入仕，便在家亲自教授镇芳和镇芳之弟锦芳读书，使两子攻苦诵读，既作严父，又是名师。”

下面就讲讲张伯驹的生父张锦芳和和嗣父张镇芳。

张镇芳和张锦芳是亲兄弟。镇芳为兄，但一生没有子女。其弟张锦芳则有四个子女，其子有三，分别是张家骐(张伯驹)、张家骙、张家骏；女儿叫张家芬。

按照乡下的习俗，张家骐，也就是张伯驹，在6岁时被过继给张镇芳。自此以后，他称张镇芳为父亲，称生父为叔父，称生母为婶母。

张锦芳，字絅庵(1872—1936)。晚清廪生，其实就是一个乡间秀才。所谓廪生就是从秀才中选取的优秀者，送到县学中读书，由政府给予一定的补贴者，并不是官职的称谓。虽然他在民国初年曾任过众议院议员，那也只是一个名誉职务。究其一生，就是一位颇有学问，知书达理，诚实谦恭且慷慨豪爽、热心助人的乡间名士。

关于张锦芳一生的故事，流传下来的不少，最突出的就是其勇于救护辛亥革命志士仁人和为人求学中的平易近人与谦虚有礼。这作为名声显赫的张镇芳的弟弟，都是难能可贵的。

张锦芳是一位文学功底深厚，诗文颇有造诣的人。他著有诗集《修竹斋引玉咏》。其中《项城八景》中多有名句，如“珠帘雾卷朝来雨，画栋飞云夕照天”“红雨乱飘岳寺树，绿荫密布野云亭”等，气势不凡。但他谦虚好学，绝不以家世骄人，曾两次走访淮阳县名士朱飞仙，以求在学问上切磋借鉴，可朱飞仙是位不求功名、不慕权势、性格很怪的人，其书画诗被称为“豫东三绝”。第一次朱飞仙外出没见到。第二次张锦芳又亲临朱宅，朱飞仙正在菜园浇水，朱飞仙见到张锦芳后，也没有礼让寒暄，开口便问：“你找我有什么事？”张锦芳说：“听说朱先生诗作得好，想跟先生和和诗。”朱飞仙又问道：“你的诗属于哪一家？”张锦芳说：“我是乱凑杂学，说不上什么家。”朱飞仙说：“你不入家，跟我和什么诗？”转身又干活去了。张锦芳虽受此冷遇，但并没有恼怒，反而感叹地说：“朱飞仙真清高名士也。”

朱飞仙之所以这样对待张锦芳，是因为他知道张锦芳是张镇芳的弟弟，是官宦子弟，所以不屑一顾。朱飞仙的这种做派未必可取，却让人从中看到了张锦芳的为人。

张锦芳的人品让人称赞，其政治立场和作为更令人敬佩。民国元年，袁世凯任命张镇芳为河南督军时，正是辛亥革命风云激荡之时，革命党人不甘心袁世凯做总统，激烈讨袁。在河南，以闫子固、朱丹陛为首的部分革命党人，预谋炸毁开封军政府的火药库。张镇芳身为河南督军，则极力搜捕，严厉打击革命派，力图稳定中州政局。而此时身为其胞弟的张锦芳，却反其道而行之，极力保护一批青年志士，如项城闫凌云，汝南闫秀峰、马应坦、王懋官等。因此，后来曾任项城县令的朱名昭撰写的《絅庵先生懿行碑》中写道：“各省戒严，党祸益烈。汝南闫秀峰、马应坦、王懋官等牵连阎子固案内，先生极力剖白，咸得无恙。”从这段记载中，可见张锦芳冒险保护革命青年的行为多么可贵。

父母是孩子的第一任老师。张伯驹就是在这样的家庭里生活到6岁，被过继给伯父张镇芳的。

张镇芳在中国近现代史上，是一个值得关注、知名度很高的人物，但在近现代史研究中，对张镇芳的研究是很不够的，甚至是以其曾镇压过白朗起义，又参与过张勋复辟来作为其一生功过定论的。其实，这正是一种对历史人物概念化、公式化的定论，很容易形成对历史人物的误解和偏见。当然，这种观念随着时代的发展，已逐步被人们纠正了。我们已经认识到，一个人的一生经历、思想变化是极为复杂的，是不能简单归类的。

对于张镇芳的研究，著名学者、曾任山西省高级人民法院院长的寓真先生是较为深入的，他在《张伯驹身世钩沉》一书中，有一段很精辟的话，他说："张镇芳是一个真正的儒士，纵观他一生行藏，显然深受正心诚意、格物致知的儒家思想熏染，在云翻雨覆的政治舞台上，他一直在寻求着合乎忠信礼义的道德规范的人生归宿。伯驹的学习成长，以至成家立业，无不受到张镇芳的深刻影响。"

但在这一讲中，我们也只能简略地说一说张镇芳的成长、为官和为人节操。

张镇芳(1863—1933)，字馨庵，生于清同治二年(1863)十二月。其父张瑞桢一生未能入仕，就在家亲自教授镇芳、锦芳兄弟。

张镇芳幼年时读书十分刻苦。他刚会言语，父母就口授《三字经》，继教《四字鉴略》。8 岁入塾，攻读诗书。其父常于书斋伴读。有趣的是，每当张镇芳读经史涉及忠孝仁爱信义之事时，其父必大呼道："汝辈能如此，方不愧为子，无愧为人矣。"父亲的这一招，应该说对张镇芳的震动和影响是铭心刻骨的，对张镇芳的成长起了很大作用。平时学习，父亲又为张镇芳立下严格学规，如闻鸡而起，默背功课等，背诵时不许点灯，只准燃两根香火，让他集思静心。久而久之，张镇芳也养成了勤学强记的学风，因而，学业得以早成，并于光绪十八年(1892)考中进士，时年 29 岁。

张镇芳成进士后任户部主事，是个六品京官。1900 年，八国联军入侵北京，慈禧太后和光绪皇帝仓皇西逃。张镇芳来不及更换官服，急着追随皇帝护驾。出京城后，因有散兵土匪拦路，只好改道混杂在难民中间，一直走到衡水才有车马可乘，日夜兼程，终于到潼关追上了銮驾，被任命为陕西司行走，效劳两宫。第二年事态平息，张镇芳被赏加为四品官衔。

正因为护驾迎驾，张镇芳又有了和袁世凯相见叙话的机会。本来，张镇芳的姐姐嫁给了袁世凯的二哥袁世敦，二人已成亲戚，关系很是亲近。袁世凯就力劝张镇芳出京城外调地方，到自己任职的山东担任要职，但张镇芳没有允诺。

1901年，李鸿章去世，袁世凯接任直隶总督兼北洋大臣，袁世凯即奏请调任张镇芳为直隶差委总办、天津河间兵备道，又任长芦盐运使。

张镇芳在主管长芦盐场期间，抵制了俄国、法国、日本等外国人的侵犯，理顺体制，拓展规模，剔除积弊，整顿有方，很快，长芦盐场得到很大发展。张镇芳还主持建立缉私总局，严查盐运走私。他经过兴利除弊，扩充销路，一年之间，就为国库增收白银56万两。至今，长芦盐场仍是我国海盐产量最大的盐场。在此期间，张镇芳还同英国大使谈判，把英国人独占的开滦煤矿转为中英合办，这是近代史上最早的中外合资企业之一。

1911年年底，直隶总督陈夔龙因病乞休，张镇芳接替陈夔龙署理直隶总督兼北洋大臣，成了清代最后一位直隶总督。张镇芳到任10天后的农历十二月二十五日（1912年2月12日），宣统皇帝退位，大清王朝也画上了句号。

1912年3月，张镇芳又调任河南都督兼民政长。张镇芳到任后，又参照开滦煤矿的办法，将英国人独占的卫辉煤矿改制为中英合办，命名为福中公司。张镇芳不愧为一位善于管理、清廉干练、具有民族气节的人才。

后来，张镇芳又创办了盐业银行，成为我国北方第一家商业银行，这也是中国近代经济发展史上值得大书一笔的业绩。

张镇芳不仅在维护国家经济权益、经济治理上具有干练、卓异的才能，而且他也是一位热心现代教育事业的人。这里仅举一例。1912年，张镇芳正任河南都督。当年春，河南教育总会会长李时灿与河南提学使陈善同等人纷纷上书当局，力陈办学之必要。不久，张镇芳咨询河南省临时议会议定，筹设一所培养留学生的预备学校，主要学习外语，这就是河南大学的前身——河南留学欧美预备学校。可以说，张镇芳为河南大学的创办作出了不可或缺的贡献。

张镇芳还是一位诗人，曾亲手誊写、整理过自己的诗集《张镇芳诗抄》。据说，曾考中进士、后为翰林院庶吉士的太康县知名人士王新桢有夸奖张镇芳的诗“如大将登坛,旌旗改色,纶巾羽扇,指挥如意”。有人则评说他的诗“志和音雅”,如“读史须如牛角挂,留名应似豹皮存”“节近端阳怀屈子,离骚读罢不成眠”“小楼独坐酌清樽,风卷帘栊雨打门”。这些诗句的确是蛮有情趣的。

张镇芳凭着卓越的才干,他的一生在仕途上还是腾达的,特别是在经济发展上作出了重要贡献,但其间也有重大的失误和挫折,使他一生毁誉参半,不能不说是他的一大人生悲剧。

1913 年,河南豫西一带爆发了白朗起义,饥民纷纷聚集到白朗的旗帜下,提出“逐走袁世凯”“建立完美政府”的口号,攻城略地,声势浩大,纵横于豫、鄂、皖三省边境。张镇芳受命于袁世凯,派兵围剿,但战事往往不利,疲于奔命,再加上张镇芳看到战火纷飞,生灵涂炭,也于心不忍,便向袁世凯递了辞呈。1914 年 2 月,张镇芳以“剿匪无方”被撤职。

不管怎么说,参与镇压白朗起义,使张镇芳一度处于十分难堪的境地。

外国有一句谚语说,“上帝关上一扇门,必会打开一扇窗”。政治上的失意,倒使张镇芳有机会在金融上干了一件大事,他成了北方商业银行的创始者。

早在 1913 年梁士诒任代理财政总长时,鉴于北方没有商业银行,就曾建议设立盐务实业银行。1915 年年初,张镇芳向袁世凯提出官商合股开办银行的建议,得到袁世凯的批准。同年 3 月,盐业银行正式成立,由张镇芳主持。盐务署拨款 10 万元为官股,张镇芳本人私股 40 万元(实交 30 万元),张镇芳入股雄厚,任银行首任董事长兼总经理。

盐业银行开张后,经营状况令人满意,成为中国近代商业银行的典型。张镇芳主理盐业银行,打下了相当殷实的家底。他这一笔丰厚的家财,日后刚好为张伯驹收藏书画等提供了经济基础。

可惜的是,就在张镇芳打理盐业银行红红火火的时候,1917 年发生的张勋复辟,又把张镇芳裹挟其中,并以失败告终。

1917 年春,军阀张勋在徐州召开督军团会议酝酿复辟,多次与张镇芳密电磋商,张镇芳亦应邀赴徐州表示支持。7 月 1 日,在张勋拥戴下,溥仪复位,并授张镇芳等 7 人为议政大臣。但复辟注定是短命的,7 月 12 日,张勋复辟失败,张镇芳乘火车回天津,被逮捕下狱,被判无期徒刑。后被其亲友营救，以保外就医为名送回天津。

康有为曾对张镇芳参与张勋复辟一事有过评述，说他“以忠获罪，缧绁之中，虽败犹荣”。但张镇芳经过这一番打击，从此退出了政界，直到去世。

对张镇芳生活细节与人品节操的认识，对我们分析张镇芳对张伯驹一生行止的影响，都是有帮助的。

张伯驹的儿子张柳溪曾写过一篇文章《我爷爷张镇芳和他的大家庭》，对日常生活中的张镇芳作了颇有趣味的回忆。他说：“我爷爷是个很严肃的人，对自己、对他人要求都很严格……即使在他年近七十岁时仍然每天长袍马褂、帽子穿戴得整整齐齐，腿带系得平平整整，鞋也干干净净，坐着走着腰板都是挺得直直的，看起来非常精神，非常严肃。我爷爷虽然看起来很严肃，但从不训斥人。”

从这篇文章中还可以看到，张镇芳虽曾居高官又为富商，但生活并不奢侈，每天中午，他都喜欢和老伴儿吃一点清淡的饭菜，更喜欢吃一些家乡的家常饭菜，比如项城人常喝的高粱面糊糊。他还特别喜欢吃鲜荆芥苗，用来做面码或面汤。由于张镇芳的祖辈也是自耕自种的农民，他自小就养成了节俭的习惯，从来都以珍惜节俭粮食教育家人，要求面食米饭吃多少拿多少，不能剩饭，不许掉饭渣、米粒。

张镇芳还是个乐善好施的人。张勋复辟失败后，有一年京畿发生水灾，熊希龄为水灾赈务督办，托人与张镇芳商量，张镇芳即让儿子张伯驹以父亲的名义捐款40万元。熊希龄就以此款创办了香山慈幼院，收留水灾难童，并在慈幼院建了一座以张镇芳名字命名的“镇芳楼”。此外，张镇芳在天津每年都向救济难民的粥厂等慈善机构捐钱款和棉衣等。

还有一件日常小事儿，充分反映了张镇芳乐善好施的人品。当时和张镇芳来往密切的有一个倪嗣冲家的厨师，这位厨师有家传的熬制烫伤膏药的秘方，这种膏药很有效，不论多严重的烫伤，只要抹上膏药几天就能痊愈，不留疤痕。张镇芳就经常拿钱让这个厨师熬制膏药，把制好的膏药放在自家门房里，遇有烫伤的人，有求必应，直到治好为止，从不收钱。曾经的一位大官僚，张镇芳能有如此善行美德，确实罕有且令人称奇。

由此可知，评价一个历史人物的功罪善恶，不能只用政治的成败标准去衡量,还要看他的立身原则和生活节操。

少年才俊

张伯驹出生后一直生活在项城乡下,其幼年时体弱多病,以至在他三四岁时,家里按照乡下习俗,特意在村里演戏酬神的时候,让奶妈把他抱到后台,请演员为他勾画了一个剧中赵匡胤的“红脸”,以求能够消灾延寿。

张伯驹6岁时被过继给了张镇芳,时值张镇芳官运亨通之际,驻于滦州。张伯驹先到滦州省父,后随父张镇芳移居天津。小伯驹生得眉清目秀,聪明伶俐,张镇芳夫妇视伯驹如亲生、掌上明珠一般。

不久,张镇芳就开始考虑儿子的教育问题。当时科举考试刚刚废除,新式学堂匆匆兴起,张镇芳大量捐资兴办新学,但对自己的儿子,初始仍是沿用旧式家塾教育,为他请老师启蒙。启蒙是中国最传统的老式教育,据张伯驹晚年回忆,开始读《三字经》时,塾师命其死记硬背,其中“窦燕山,有义方,教五子,名俱扬”,他并不知道是什么意思。

张伯驹幼年时有着惊人的记忆力,朝夕诵读,过目不忘,9岁时已会作诗。“昔时贤文,诲汝谆谆,集韵增广,多见多闻……”张伯驹背起《增广贤文》非常流畅,让塾师大为惊叹。塾师看他特别聪明,又特意增加了《朱子治家格言》《千字文》等,但他仍很轻松。这位塾师不由得夸奖张伯驹说,此子聪慧过人,日后必成大器。

张伯驹少年时代作的诗已经失传,我们只知道当年张伯驹有个舅舅叫马丽轩,经常和张镇芳、张锦芳兄弟吟诗和诗,并共同发起成立了诗社,社名叫“丽泽”,时间一长,就把他们的诗编选成集,定名为《丽泽社诸家诗》。马丽轩曾把这部诗集送给他的朋友——王新桢。王新桢看过这本诗集,写了一篇文章《读〈丽泽社诸家诗〉后》,对少年张伯驹大加赞赏,他写道:“而伯驹,则絅庵(即张锦芳)之子、丽轩之甥也,英年挺出,直欲过前人。若《从军行》《天上谣》等作,激昂慷慨,魄力沈雄,有倚天拔地之概。虽老于诗者,未必能办。丽轩称其‘素有大志,诗文皆豪迈可喜’,信然哉。”可以说老翰林对张伯驹少年时代的诗作达到了激赏的程度。

从这里我们也可以感到，张伯驹文化学养的形成，一个重要的因素是得益于中国传统文化及其家庭文化的传续。

张伯驹除读书之外，最大的爱好就是看戏。他第一次看戏是他7岁时在天津的下天仙茶园看的京戏，即杨小楼主演的《金钱豹》。他77岁时写了一本书——《红毹纪梦诗注》，其中第一首诗就是记述这次看戏经历的，诗云：

油布遮车驶铁轮，端阳时节雨纷纷。
飞叉大闹金钱豹，凛凛威风欲夺魂。

自看了《金钱豹》后，天津的茶园没有他不去的，且看起戏来常常是乐而忘返。总之，就在这以看戏为无上乐趣的岁月里，一颗戏剧艺术的胚芽已在他幼小的心灵中萌动发育了。

张伯驹度过了一段这样自由自在的生活之后，于宣统三年，即1911年辛亥革命这一年，和袁世凯的第四、五、六、七子同入天津新学书院读书，不久，又入政法学堂。

在新学书院和政法学堂就读期间，张伯驹仍以超群的记忆和才学引起了老师的注意和称赞。他除学习规定的国文、理科等课程外，自己还研读了《楚辞》《宋元名家词》《枫香阁》《苏堂诗拾》《清声阁词四种》。他一生酷爱诗词，就是在这时扎下的根基。到20岁时，他更是通读了“二十四史”，能熟背《古文观止》，细说《资治通鉴》。

张伯驹不仅积淀了深厚的国学根基，同时也接受了新学教育，培育了新时代理念。例如他对于迂腐道学的讥评，就显示了他思想的进步和对儒学中虚伪道德的批判。

明代凌濛初《二刻拍案惊奇》中有这样一个故事：南宋时，浙江台州有个妓女严蕊，色艺双绝，又善于诗词，四方闻名。台州太守姓唐，与严蕊常有交往。按照宋朝法度，官府有酒宴时，可召歌妓演唱，但只能站着唱歌敬酒，不许私入官员内室。唐太守管束自己还算严格，并没有胡为。朱熹当时是台州的上司，与太守有了矛盾，恼怒之下，撤了唐太守的官职，并把严蕊收监，逼她交代与太守通奸。朱熹认为太守风流,必然好色,况且女子体弱,禁不住刑罚,自然会招认。谁知严蕊任严刑拷打,只是说没有胡来之事。朱熹无奈,命转押到绍兴去严加拷问。绍兴也在朱熹管辖之下,审案的官也是个道学先生,见严蕊模样标致,便说,从来有色者必然无德,再次对严蕊严刑拷打,严蕊照样坚贞不屈。到了监中,狱吏同情她,劝她招认免受酷刑。她说,身为贱妓,纵然有奸,不是重罪,招认了并不可怕,但天下事真则是真,假则是假,岂可信口妄言。宁可置我死地,要我诬人,断然不成。结果是直到朱熹调到别的地方,严蕊才被释放。四方百姓敬重她的义气,都来看她,没有一人不骂朱熹的。

张伯驹对这个故事印象很深,对朱熹无比憎恨,对严蕊赞赏有加,后来,他写了一篇文章《道学先生》,认为南宋理学有悖于人性,应予批判,他写道:

> 朱文公晦庵熹,为孔孟继统者,理学大儒,后世皆称朱子,而不敢叫他的名字。宋理宗皇帝表彰理学,遂成一代风气……尤其是科举考试时期,熟背四书五经,必须是背朱熹作注的经书。"诚意、正心、修身、齐家、治国、平天下"成为千古不移之金科玉律。然而,看了朱熹对台州太守和妓女严蕊的事,又是何等矫揉造作、阴险狠毒耶!盖为增高其威望,扩张其地位,出发于自私,便作出如此不近人情之手段,所谓"诚意正心"者何在?

张伯驹对朱熹的揭露和批判可谓辛辣而深刻,可见他酷爱传统文化,却也不是一味尊崇经学道德。他博览群书,辨别优劣正误,形成了成熟的人格和道德标准,既有传统的学识,又有新的思想、新的见解。

解甲从商

人们一提起张伯驹,总是啧啧称赞他是"民国四公子"。现在有人否定当时有"民国四公子"之说,但张伯驹曾自言"人谓近代四公子",承认了青年时代的"公子"身份。

青年时代的张伯驹，在“丛碧山房”留影。

其实,“公子”一词是既包含褒义,又含有贬义的一个词语。贬义呢,一般是说“公子哥儿”,出身豪门,胸无点墨,就是一个纨绔子弟;褒义呢,则是虽出身于官宦之家,性格风流倜傥,并无劣迹,反而是文采风流,人品高尚,具有高度的爱国情怀,甚得人们好感的公子。张伯驹显然属于后者。

《张伯驹词集》中第一首词《八声甘州 · 三十自寿》中曾说:“玉管珠弦欢罢,春来人自瘦,未减风流。问当年张绪,绿鬓可长留?”就是述说其少年时期生活和风度的。“玉管珠弦欢罢”,自然是指其优裕的家庭生活和尽情出入于歌舞戏院等娱乐场馆的。至于张绪,则是引用了一个典故。张绪,字思曼,南朝齐吴郡人。张绪为人清简寡欲,不追求荣华富贵,无意于仕途做官,人们都很赞赏这种风度。绿鬓,则指黑发。“绿”是比喻为柳树的风流形态,枝条甚长,状若丝缕,犹如当年张绪的长发。张伯驹引用张绪一典,是回忆自己少年时的快意生活并自比张绪如杨柳般可爱的潇洒风度,表示自己赞赏这种风流恬淡的人生,从而表现出少年时代的张伯驹已和一般官宦子弟不同的那种超脱和飘逸。

但这只是张伯驹少年时代生活和情趣的一个侧面,随着年龄的增长,他还是要按照家长的旨意,走上仕途进取、立功成才之路的。他父亲张镇芳为他安排的是一条从军参政的发展之路。

1914 年,张镇芳被罢免河南都督后,又回到北京。他曾身在政界高层,认为军界就是当时最好的就业领域,利于升迁发展。恰好这一年,袁世凯建立了一支旨在培养军官的陆军混成模范团。模范团的军官入选条件很苛刻,张伯驹作为一个还未参军的青年学生显然不符合条件。但由于其父亲和袁世凯的亲戚关系,1915 年 18 岁的张伯驹破格考入了混成模范团的骑科。

然而,军营中的骑科训练十分严格,那种单调与枯燥的生活也不符合他文人的浪漫气质。军号一响,立即起床,晚灯一灭,必须入寝,这使张伯驹很不适应,他常常是早上不起,晚上不睡,因为过惯了读书看戏、无拘无束的生活。所以入骑科以后,他常请假回家,由于他家和袁世凯的关系,军校也没认真管他。

在军校生活几年,还使张伯驹过早地目睹了官场和军队里的尔虞我诈、欺下瞒上、糜烂奢侈的种种丑恶，这使他感到了官场的肮脏和复杂。对于官场上的趋炎附势、装腔作势，他更是厌恶。

张伯驹于模范团毕业后，先到陕西督军陆建章部下任职。不久，陆建章被驱逐，张伯驹又到蚌埠倪嗣冲（安徽省督军）的安武军全军营务处任提调，后安武军改为陆军，张伯驹又任长江巡阅使署咨议。1920年，倪嗣冲病故，长江巡阅使裁撤，张伯驹再次去职。1921年，张伯驹又任河南省暂编第一师参谋，四省（湖北、湖南、四川、江西）经略使署咨议（名誉职务）。1923年，张伯驹又因不久前京畿发生水灾，曾以其父名义捐款40万元而受到赈务督办熊希龄褒奖，被授予二等大绶嘉禾勋章，以简任职分发陕西，任陕西督军署参议兼驻京代表，其职务已相当于旅长。

这就是张伯驹“宝马金鞭，雕冠剑佩，年少英姿，意气豪横”的公子时代。

但是，张伯驹对这一段军旅生活并不认可，是没有自豪感的，甚至认为这一段生活不值得，是令人后悔的。他在一首《八声甘州》中虽有“忆长安、春夜骋豪游，走马拥貂裘。指银瓶索酒，当筵看剑，往事悠悠”的豪迈词句，但他在另一首《八声甘州》中就直接写道：“几兴亡、无恙旧河山，残棋一枰收。负陌头柳色，秦关百二，悔觅封侯。”而在另一阕《凄凉犯》词的小序中，说得更坦率：“壮岁入秦从戎，虽滥得勋赏，狗尾羊头，殊不抵画眉妆阁也。”真实地表露了他对往日的愧疚和厌倦之情。为什么会是这样呢？因为张伯驹毕竟不是一个放荡声色的公子哥儿，他是一个富有正义感，也曾立志从军报国，建功立业的热血青年，也一度向往那金戈铁马、碧血沙场的军旅生涯，但在旧军队的腐败环境中，他注定是不会成功的。

1925年，张伯驹不顾家庭的反对，解甲归来，辞去了在军队的实职及挂名的差事。从此，我们看到的总是张伯驹文人的风度，再也看不到他曾经的军人风貌。张伯驹从军时期也有过戎装照，透着军人的英武。可惜，据他儿子张柳溪说，这些张伯驹的全身戎装照皆烧毁于“文革”时期，深为遗憾。

张伯驹退出军界，就全身心地转移到文化艺术领域，这是张伯驹人生轨迹的重大转折与变化，对其一生的艺术成就具有重要的作用和意义。

“项城二才子”

张伯驹曾有一首诗云：

> 公子齐名海上闻，辽东红豆两将军。
> 中州更有双词客，粉墨登场号二云。

两将军：“辽东”指张学良，“红豆”即溥侗。“双词客”，一是指袁世凯的次子袁克文，一是自指张伯驹。二人都喜好填词，又都是戏曲票友，袁克文号“寒云”，伯驹号“冻云楼主”，故曰“号二云”。

袁世凯是项城人，人称“袁项城”，袁克文和张伯驹也是项城人，所以人称“项城二才子”，“项城二才子”其实也是所谓“民国四公子”之二。

张伯驹结识袁克文是很自然的事儿，因为他的姑姑，也就是他父亲张镇芳的姐姐嫁给了袁世凯的二哥袁世敦，张伯驹就和袁克文成了表兄弟。袁克文(1890—1931)，字豹岑，也并非一般风流子弟，还是很有才华的。袁克文的生母为朝鲜金氏，出生在朝鲜汉城。袁克文常以三国曹子建自喻，人称“袁门子建”。此语也并非全是恭维之词，但他与热衷于政治权力，总想将来以皇子身份而继承“大统”的长兄袁克定相比，更是一种完全不同的人。他敏感、聪明，远离政治斗争，不屑于争权夺利，他热爱书法、诗词、戏剧，通金石书画，也喜爱收藏文物古玩，还爱唱昆曲，小生、丑角都扮演得十分精彩。而他的诗文更被人誉为“高超清旷，古艳不群”。尤其是于联语一体的嵌名联，堪称才华惊人，可与张伯驹媲美。例如他赠秋芳的嵌名联“秋兰为佩，芳草如茵”，真是造妙自然，绝不穿凿，因而，深得袁世凯的宠爱。然而，他偏偏对父亲称帝不以为然，认为是逆潮流而动，失败是必然的，因而曾哀叹：“古人云高处不胜寒，不幸生于帝王之家。”

一次，他趁着酒兴，写下一首律诗，最后两句是“绝怜高处多风雨，莫到琼楼最上层”，有劝诫袁世凯不要当皇帝的意思。因为这一首诗，他曾被“父皇”软禁于北海。张伯驹看重袁克文，也正在此处——视富贵如浮云，以诗酒傲公侯。于是，张伯驹和袁克文成了知心朋友，经常相聚。但袁克文出名比张伯驹早，是他带张伯驹出入琉璃厂，票戏雅游，消遣岁月，甚至在某种意义上可以说是张伯驹后来名士生活、文化生活的引路人。但张伯驹与他又不同，袁克文出生在“帝王”之家，却生活在从皇权政治到民权政治过渡的政治剧变时期，造就了他个性鲜明的处世风格，人们形容他是狷狂一生、浪子一生。而张伯驹远没有他那样消沉颓废，张伯驹对人生有其积极执着的一面，而不是游戏生活，随波逐流。

张伯驹与袁克文的友情，有一件事儿很说明问题：1930 年农历年年底，张伯驹已迁居北京，到天津袁家拜年，还没坐稳，就抽身往寒云处，大有一日三秋之慨。但是，张伯驹怎么也没料到，这竟然是他与袁克文的最后一面。伯驹回到北京不多日，1931 年 3 月，袁克文就病故了。伯驹听说后，极为悲痛，遂书写挽联，寄托哀思：

> 天涯落拓，故国荒凉，有酒且高歌，谁怜旧日王孙，新亭涕泪；
> 芳草凄迷，斜阳黯淡，逢春复伤逝，忍对无边风月，如此江山。

这首挽联，不仅是对袁克文一生的同情与哀叹，同时又是对袁世凯复辟闹剧从喧嚣走到人亡政息，落得身败名裂、如此江山的讽刺与感慨。

“民国四公子”

我们在这里讲述“民国四公子”，是因为“民国四公子”这一称谓，对张伯驹名声的影响实在是太大了，凡是知道张伯驹的人，几乎第一个脱口而出的词汇就是“民国四公子”，好像“民国四公子”就是对张伯驹身份的认定和一生的评价。其实，这是很不准确的。对于张伯驹来说，“民国四公子”，仅能对张伯驹的早年形象作一点形象化的描述，就其一生来说，几乎是与“公子”的形象没有任何关联的。但我们在这里还是有必要把张伯驹与其他三个

“公子”的关系作一介绍的,因为张伯驹毕竟与他们在出身、爱好等方面有所相似,且与他们有过交往。对其他三人的了解,也有助于了解张伯驹早年生活的某些方面。

这一节,就只介绍溥侗和张学良。

张伯驹作为一个戏迷和票友,与另一位公子、清宗室镇国将军溥侗也经常同台演出。溥侗(1877—1952),爱新觉罗氏,是一位同情光绪的近支皇族。溥侗字西园,艺号后斋(一说字厚斋,号西园)、红豆馆主,人称侗贝勒。溥侗的父亲是乾隆孙子的孙子,即乾隆十一子成亲王永瑆的曾孙,世袭镇国将军、辅为公。溥侗又是末代皇帝溥仪的堂兄,又有“皇兄”之称。

溥侗也是一个文化界的多情种子,作为前清遗老遗少,自然对故国充满了眷恋。但他度德量力,是没有能力起死回生,重整大清江山的。于是,满腔的无奈化作了放荡,他无意学李后主终日沉浸在“小楼昨夜又东风,故国不堪回首月明中”的惆怅之中,而是放浪形骸,麻醉自己,渴望沉沦,但他的满腹才情却顽强地表现出来。

溥侗爱好钻研琴、棋、书、画,收藏金石、碑帖,还精于治印,精于古典文学和文物鉴赏。他酷爱剧艺,对昆、京艺术,生、旦、净、末、丑兼工,并通晓词章音律,对戏剧音乐如笛、二胡、京胡和琵琶等无所不通。他最擅长演《打渔杀家》和《群英会》。在《群英会》剧中,他能演周瑜、鲁肃、蒋干、曹操、黄盖 5 个角色,且都技艺精妙,出神入化。

溥侗一生多才多艺,又是文物鉴赏家,与袁克文、张伯驹同在京津,自然是惺惺相惜,所以三人一向走动很勤,过从甚密。

张伯驹与张学良相识并结成好友,原因是其父亲和张作霖的撮拢。

袁世凯去世后,张镇芳为自己的儿子张伯驹操碎了心。他怕儿子“玩物丧志”,一心想把儿子往仕途上拉,就拜托了老友张作霖。1920 年秋,张镇芳带着张伯驹去沈阳拜访张作霖。1921 年春,张伯驹再去沈阳见到了张作霖,于是,张作霖就给张伯驹封了个“提调官”,也就是秘书,是个闲职。这样,张伯驹就结识了张作霖的儿子张学良。

张学良(1901—2001),字汉卿。张伯驹初识张学良时,张学良尚是一个十六七岁的少年,正处在爱玩的年龄,琴棋书画、斗狗走马,没有不通的。但是，他尽管天资聪慧，毕竟身处关外，家父又是绿林出身，说不上什么文化底蕴，对一些艺术门类的理解，还停留在看热闹的水平上，是张伯驹对他起到了指点门径的作用。例如：在文物收藏上，对于张伯驹的指点，使张学良颇感兴趣。因为他父亲在东北的地位，加上手头阔绰，一起步就在较高的水平上，藏有不少珍品。

在奉天不过一个多月，张伯驹、张学良朝夕相伴，谈诗论画，好不快活。张作霖看在眼里，不乐意了。他警告张学良不要像张伯驹一样"玩物丧志"。父亲的呵斥，反而激起了少年张学良的逆反心理，他央求张伯驹将他带到关内，开阔一下眼界，也想见见红豆馆主溥侗。

1925 年末，张学良随奉军进驻天津。这样，经张伯驹的引荐，张学良见到了袁克文、溥侗、方地山等一帮文人雅士。张学良很是兴奋，他告诉大家，他准备办一份《北洋画报》，作为各位展示才学的场所，也算是为后人保留下一些国粹精华。

1926 年 7 月，张学良委托他的挚友和高级幕僚冯武越创办了《北洋画报》，不仅京津两地一些名士文人如张伯驹、溥侗等常在《北洋画报》上发表书画、诗作，张学良亦兴致所至，常常赋诗在画报上发表。围绕着《北洋画报》在平津两地形成了中国最后一个名士文人沙龙。成员有袁克文、张伯驹、樊增祥、方地山、吕碧城（多居国外，书信参与）、章士钊等。"四公子"也就在这段时间里在北平风光一时，且远近闻名。1928 年，张作霖死后，张学良退出了这个名士圈，随着国事日艰，以他们为中心的中国最后一个名士圈也失去了凝聚力，如风吹浮萍，在时代的大潮下，每个人按自己的人生轨迹开始新的滑行。

第二讲 两情一命永相怜

在张伯驹的人生故事中，人们谈论得最津津有味的，除他的收藏故事以外，可以说，就是有关他的婚姻和爱情了。有人说他“风流公子，妻妾成群”；有人为之叹息“一妻三妾，欢乐与纠葛并存”，也有人把他与潘素的结合描绘成，“青楼奇姝之传奇”“红袖添香夜读声”。其实，所谓的传奇都是越传越奇的传说，张伯驹在婚姻上既是封建婚姻制度的受害者，又是封建婚姻的叛逆者，在他身上，悲剧与爱情并存。张伯驹一生先后娶过四位妻子，只有最后一位妻子潘素和他白头偕老，终了一生，而前三位妻子要么是悲剧的结局，要么是终于分手。我们就先从第一位妻子讲起。

包办婚姻

第一位妻子是李月娥，当然是结发之妻，也是封建包办婚姻的典型，可以说，张伯驹首先是封建婚姻的受害者，然后才是封建婚姻的叛逆者。

张伯驹十五六岁时由父亲张镇芳包办，订下了安徽亳州一名女子为妻，名叫李月娥。李父曾任安徽省督军，和张镇芳堪称门当户对。张伯驹18岁结婚，婚礼办得很豪华、排场。他穿的结婚礼服类似袁世凯就任总统宣誓时的元帅服，是黑呢子的，领口、袖口和大襟都镶有一指多宽的金线，肩上有金线织就的肩章，裤缝处也镶有一指多宽的金线。新娘子李月娥穿的是清末民初显贵家庭妇女常穿的那种绣花短袄和盖到脚面的长裙。张伯驹的这套礼服被李月娥一直保存在她的小箱子里留作纪念，直到去世，由此可见她对丈夫张伯驹的感情还是很深的。可惜，张伯驹对这门包办的婚姻并不满意，李月娥对丈夫顺从、敬畏的一片深情换来的却是丈夫的冷淡。

张伯驹结婚时已是“五四运动”的前夕，新文化、新风俗正蓬勃兴起，张伯驹喜欢的，无疑是热情活泼、敢说敢为，有文化、具有鲜明个性的生气勃勃的新式女青年，而李月娥恰恰是封建时代的大家闺秀，不苟言笑，处处中规中矩的刻板人物，与风流倜傥、向往新生活的张伯驹有了较大反差。

李月娥生在清代高官的家庭里，从小缠足，虽然后来放了，但仍然是小脚，她没有受过多少教育，更不要说新文化了，她所接受的仍然是《女儿经》之类，讲求“三纲五常”“三从四德”的封建文化，讲求的就是“女子无才便是德”和“在家从父、出嫁从夫、夫死从子”那一套毫无理由的强调服从、孝敬的礼仪。这一切，正好为张伯驹那个时代的青年所讨厌。再加上李月娥从小受父母的宠爱，总有人侍候，她是受父母之命嫁给张伯驹的。她在嫁给张伯驹之前，两人并没有什么交往，更谈不上感情，在嫁给张伯驹之后，虽然对婚姻抱着幸福的愿望，但事与愿违，张伯驹是在不愿意、不甘心的情况下和她结合的。她没有让张伯驹可以欣赏、相爱的特长，也不能侍候、照顾丈夫的生活，所以和丈夫一直没有建立起真正的感情，而且结婚多年也没有生育。

张伯驹很少到夫人李月娥的屋子里，在家的时间也几乎不去看她。李月娥只有终日与保姆相伴，在这种无聊、无奈、孤独、毫无快乐的生活中，李月娥学会了抽大烟，以寻求刺激。抽大烟的恶习既损害了她的身体，也使张伯驹对她更加反感。就这样，她在婚后寂寞、空虚的生活中，成了封建婚姻制度的牺牲品。她因病死于 1938 年。当时天津闹水灾，张伯驹正在北京，也没有回天津为她料理丧事。

续娶之妻

李月娥还未死时，张伯驹于 1921 年又娶了第二位夫人邓韵绮，这个名字还是张伯驹给她起的。那个年代，一些富家子弟都是在已有妻妾的情况下，再另外买一所房子，娶一个女人，张伯驹也不例外，当然他娶邓韵绮的主要的理由就是家庭希望第二任夫人为其生儿育女。

邓韵绮当年是唱腔很好的京韵大鼓艺人，这一点正为热爱演唱艺术的张伯驹所喜爱，因此，她和张伯驹很是过了一段和谐而快乐的时光。

邓韵绮长相不算娇艳，也不太善于打扮自己，穿着绸缎衣裳也不比别人更美，当年主要是唱红了的。邓韵绮出身贫寒，所以很会料理家庭生活，她能把张伯驹在北京的生活安排料理得井井有条。北京家里的管家和厨师也能够按照张伯驹的需要随时侍候，做出丰盛可口的菜肴。

邓韵绮作为一个艺人，虽不是很圆滑，但也很会处理与各方人士的关系，当时在北京的各种场合都是她陪伴着张伯驹，也陪伴张伯驹去各地游山玩水。张伯驹早年的两首旅游词《鹧鸪天》和《秋霁》中提到的韵绮，就是他的这位夫人。特别是《鹧鸪天》一词，更是描述他和韵绮及其他友人一块儿游览无锡时的快乐情景：

鹧鸪天

甲戌正月下旬偕韵绮，同西明，夜至无锡，借笼灯入梅园宿。次日冒雨登鼋头渚，望太湖，归谱此词

为惜疏香此小留。碎阴满地语声柔。花光照眼还如雪，湖水拍天欲上楼。　风细细，雨飕飕。计程明日又苏州。客中过了春多少，只替春愁不自愁。

张伯驹经常带着邓韵绮游山玩水并和朋友聚会。即便后来张伯驹调往上海盐业银行任职期间，每到春暖之后、秋凉之前，仍然会回到北京避暑，和北京的文人雅士聚会，吟诗填词作画度曲，这时都是邓韵绮陪伴在他左右。

然而，邓韵绮结婚后也没有生育，渐渐地也染上了抽大烟的坏毛病。这样一来，张伯驹也逐渐冷淡了她。1948 年，张伯驹与邓韵绮离婚，最终分手。

邓韵绮与张伯驹结婚后，一直没有生育。“不孝有三，无后为大”这一封建古训无疑也是他们关系逐渐冷淡的主要原因。因而，就在他们还没有离婚的情况下，张伯驹于 1926 年又与王韵缃结了婚。王韵缃这个名字也是张伯驹起的。

张伯驹真是痴迷于诗词啊，他为两位夫人起的名字都是那么具有诗意，都离不开“韵”字。

王韵缃是苏州人，父亲以行医为生，从家乡外出，来到北京安了家。因为家里生活困难，还曾在姑母家寄住过一段时间。王韵缃 17 岁时，经盐业银行副经理朱虞生介绍，与张伯驹见了面，张伯驹看中了王韵缃，就在北池子一带弄了一套小院，给了王韵缃父母一笔钱，和王韵缃结了婚。

结婚不久，王韵缃就怀孕了。张镇芳两口子知道儿媳妇怀孕后，就把她接到天津家里。不久，王韵缃就为张伯驹生了个儿子，取名张柳溪。

王韵缃生下儿子后，张镇芳自然视孙子为掌上明珠，为了能看着孙子长大，就没有再让儿媳妇回北京。

王韵缃生长在一个比较贫困的平民家庭里，一家人互相关爱，同甘共苦。她在嫁给张伯驹之前还没有真正接触过社会，在家里接受的都是忠厚待人、老实干活的朴素教育。结婚之后，也没有社会上那些市侩气，不懂得阿谀奉承、投机取巧。所以，她在公婆面前，在家里的表现就是老老实实，孝敬长辈，关爱体谅同辈。她和张伯驹的原配夫人李月娥及二夫人邓韵绮相处得也非常好，特别是对李月娥十分尊重，几乎每天都到她屋里看望、照顾她，直到她去世。由于她这种温顺、朴实的性格，再加上为张镇芳生下宝贝孙子，张镇芳老两口对这个媳妇非常满意。但是，王韵缃并没有因此而自以为了不起，更不会贬低别人，也不计较名誉地位。

王韵缃的一个最大长处就是心地善良，对人富有同情心，敢作敢为。她和张伯驹结婚时，从娘家带来一位随身侍女，这位侍女是立了卖身契的。王韵缃过了门以后，就当众撕毁了这个侍女的卖身契，并把这个侍女看成是亲妹妹，后来，就叫自己的儿子喊这位侍女为小姨。

王韵缃在天津家里安排好长辈、孩子生活的同时，也惦念着丈夫张伯驹的生活。张伯驹当时在北京、上海盐业银行的俸禄有限，王韵缃就常把盐业银行的股息转账给他，以保证他的开支。张伯驹逢年过节回天津，也都是由王韵缃安排一切。有时，王韵缃也带着孩子去北京看望张伯驹。

应该说，张伯驹和王韵缃婚后的一段生活还是很和谐的，感情还是很深的。张伯驹有一首词《念奴娇》，注明“中秋寄内”。有人考证说，张伯驹后来写给潘素的词一般都写“寄慧素”。那么其时王韵缃长住天津，说是写给王韵缃的，也是有道理的。这首词写道：

> 无人庭院，坠夜霜、湿透闲阶堆叶。月是团圞今夜好，可奈个人离别。倚遍云阑，立残花径，触绪添凄咽。满身清露，更谁低问凉热。　　记得去年今日，盈盈双袖，满地明如雪。只影那堪重对此，美景良辰虚设。玉漏无声，银灯息焰，总是愁时节。谁家歌管，任他紫玉吹彻。

这首词确实饱含着怀念妻子的凄凉之美。王韵缃不是一个多情善感的知识妇女，张伯驹何以会写出这样高雅的情词呢？笔者认为，一者是他同王韵缃确有新婚之后夫妇的相爱温存之情，二者也是张伯驹借着这题材，展示了他学习唐宋诗词的体会和成绩，是有意锻炼自己填词的能力。

当然,清官难断家务事。后来,在一段漫长的家庭生活之后,王韵缃曾起诉张伯驹,她在诉状中说,自她1927年生下儿子后,丈夫遂对她冷淡,以致置之不理,使她过着有名无实的夫妇生活。

诉状中还讲了诸多财产纠纷,要求张伯驹给她以生活补助等。张伯驹在答辩中承认,“实际上已有十五年以上没有同居”,并提出离婚,但王韵缃不同意离婚,说张伯驹对她没有感情,她可以分居。她宁愿分居,也不愿离婚。显然,她是一个值得同情的弱者,一个被封建婚姻制度、被封建礼教扼杀了独立个性的妇女,的确是令人同情的。

这时候已经是新中国成立以后的1952年了。王韵缃在天津原来就认识吉鸿昌将军的遗孀吉红霞。其时吉红霞是天津市妇联委员,她非常了解张伯驹家的情况,新的婚姻法已经颁布了,张伯驹怎好继续维持和潘素与王韵缃两个妻子的共同生活呢?在吉红霞的劝说下,王韵缃终于同意离婚,张伯驹给了她一笔钱,她就到已在石家庄市工作的儿子张柳溪那里去了。

王韵缃的确很善良,她离婚了,但对离婚从来没有过怨言,直到1988年,她79岁时去世。

伉俪情深

自从王韵缃生了儿子后,张镇芳就对张伯驹说,不允许他再娶妻子了。但是张伯驹还是在上海遇见了令他一见倾心、成为真正知音的潘素。

张伯驹和潘素的婚姻是典型的惺惺相惜的才子佳人,他们的结合的确具有浪漫和传奇的色彩。

20世纪20年代末,张伯驹被盐业银行董事会推举为常务董事和总稽核,他可以到各分行视察业务和考核账目。他去上海最多,夫人王韵缃也准备随丈夫去上海,但张镇芳夫妇不同意,怕孙子留在天津没有妈妈的照顾,又不允许她带着孩子去上海。

1937年，潘素摄于上海。

张伯驹只好一人在上海做事，并往汉口、南京等地查账。例行公事，接受招待之余，就要把时间消遣在他的艺术爱好上。在上海盐业银行视察考核期间，不免要与朋友到娱乐场所，当年在上海这也是常事。伯驹不喜欢饮酒，他叫的局只是听音乐，这就遇上了善弹琵琶的潘妃。潘妃的天生丽质和娴雅风度立时倾倒了张伯驹。

潘素原名潘白琴，原籍苏州。苏州的潘家，本是世代官宦的大家族。其祖上潘世恩中过前清状元，官至英武殿大学士加太傅衔，潘世恩之孙潘祖荫在光绪年间官至工部尚书，通经史，精楷法，藏金石甚富，苏州百花行就是潘氏大家族的驻地。潘白琴的父亲潘智合迁居上海后，时运不济，又不务正业，家道开始衰落，幼小的潘白琴常看见母亲以泪洗面。母亲为她聘请老师，教她习音律、学绘画。潘白琴天资聪颖，很快便初通音律并能挥笔成画。可惜她 13 岁时母亲不幸病逝，来了一个冷酷的继母，好好歹歹过了两三年，还是把她卖到了烟花场，以演艺为生。

潘白琴沦落风尘，于上海西藏路、汕头路路口“张帜迎客”，因她弹得一手好琵琶，也能挥笔成画，尤其是骨子里透出的一种孤傲高贵和清气，与一般女子不同，出淤泥而不染，一时间使她在偌大的上海滩赢来一片赞誉，颇有盛名。

张伯驹第一次听潘素操琴，是在一个大庭广众的场合。张伯驹是精通琴道的，但潘白琴的琴弦一响，还是让他十分惊讶，想不到这样一位弱女子琴弹得如此出色，那说不尽的清雅远俗、柔美流畅，让张伯驹余味在喉、三日不去，张伯驹心里再也抹不去潘白琴的身影和琴声了。

张伯驹青年时期长期生活在北方，前面已有三房妻妾，都不太如意。如今在上海遇到这个才貌不凡的女子，遂使他眼前一亮，神魄飞荡，一见钟情，坠入爱河。

不久，张伯驹在上海的朋友孙履安知道了张伯驹的心思，就充当了张伯驹这次恋爱的牵线人，使张伯驹和潘白琴有了交往。据潘素后来回忆说，当时看张伯驹有些土气，但很有才华，会画花卉，文化也好。随着交往增多，日久生情，以至潘白琴一心相许，认定非张伯驹不嫁。因此，可以说，张伯驹与潘素的共同爱好和艺术情趣，是他们结合的纽带和情感的基石。

张伯驹与潘素是怎样结婚的呢？当年张伯驹还有一个朋友，是孙履安的儿子，叫孙曜东，也是京剧爱好者。近年，他曾口述往事，经整理出版了《浮世万象》一书，其中说到张伯驹和潘素的结婚经过。这一段话被寓真先生照录在《张伯驹身世钩沉》一书中，我在这里也引用一下吧，因为这一段话说得清楚明白，就不用我再叙述了。

孙曜东说：

> 张伯驹在盐业银行任总稽核，实际上并不管多少事，整天埋头于他的书画收藏和京剧、诗词，每年到上海分行查账两次，来上海就先找我。其实查账也是做做样子的……他来上海只是玩玩而已。既然来玩，也时而走走花界，结果就撞上了潘妃，两人英雄识英雄，怪人爱怪人，一发而不可收，双双坠入爱河。
>
> 张伯驹第一次见到潘妃，就惊为天女下凡，才情大发，提笔就是一副对联："潘步掌中轻，十步香尘生罗袜；妃弹塞上曲，千秋胡笳入琵琶。"不仅把潘妃两个字嵌了进去，而且把潘妃比作汉朝王昭君出塞，把她擅弹琵琶的特点也概括进去了，闻者无不击掌欢呼。可是问题并非那么简单，潘妃已经名花有主，成为国民党一个叫臧卓的囊中之物，而且两人原先已经到了谈婚论嫁的程度。谁知半路杀出个张伯驹，潘妃此时改口，决心跟定伯驹，而臧卓岂肯罢休？于是臧把潘妃软禁了起来，在西藏路、汉口路的一品香酒店租了间房，把她关在里面，不许露面。潘妃无奈，每天只有以泪洗面，而张伯驹一个书生，此时心慌意乱，因为他在上海人生地不熟，对手又是个国民党中将，硬来怕惹出大乱子，不像在北京、天津到处都有他们张家的一亩八分地，他只好又来找我。
>
> 那天晚上已经十点了，他一脸无奈对我说："老弟，请你帮个忙。"把事情一说，我大吃一惊，问他："人现在在哪儿？"他说："还在一品香。"我说："你准备怎么办？"他说："把她接出来。"
>
> 我那时年轻气盛，为朋友敢于两肋插刀。趁天黑我开出一辆车带着伯驹，先到静安寺路上的静安别墅租了一套房子，说是先租一个月，

因为那儿基本上都是上海滩大老爷们的“小公馆”，来往人很杂，不容易暴露，然后驱车来一品香，买通臧卓的卫兵，知道臧不在房内，急急冲进去，潘妃已哭得两眼桃子似的。两人顾不上说话，赶快走人，我驱车把他们送到静安别墅。

孙曜东还说，事后担心臧卓会采取报复行为，却因孙曜东与汪精卫、周佛海拉上关系，为他们做事，而臧卓也投向敌伪，当了伪军某部的参谋长，两人见面后心照不宣，此事也就过去了。

一个无依无靠，以从艺谋生的“青楼”女子嫁给了张伯驹，对于潘素来说，好像是涅槃再生，她的人生之路从此变得丰富起来。而对于张伯驹则为他的婚姻生活翻开了崭新的一页，他的日常生活和精神文化生活都从此充满了活力，特别是他找到了一个具有共同爱好的妻子，一个在人生道路上能够互相关爱、互相鼓励、风雨同舟的妻子。

1935 年，张伯驹与潘素在苏州结婚。这一年的 9 月 29 日，张伯驹夫妇拜过印光法师，将“白琴”改为“慧素”。从此，张伯驹便称妻子之名为“潘素”。

潘素结婚后最大的变化就是一步跨进了张伯驹的“文化艺术圈”。大凡文学艺术大家，其一生必定与许多名人大家产生交集，常在一起互相学习、互相切磋、取长补短、增长见识。

张伯驹早年的交友即多为文化界名流，除金融业外，他所交之友如袁克文、溥侗、方地山自是名声远播，其他如张大千、溥心畲、余叔岩、傅增湘、沈裕君等也都是艺术界颇有成就和声望之人。这一切都使潘素在艺术和学识上受到濡染和熏陶。

中国历代才女，能操琴者多，能吟诗填词者也多，但能绘画者却寥寥无几，即便有，也多局限于花鸟仕女，绝少画山水者，而潘素则爱画山水，这是一条不易成功的道路。张伯驹更是鼓励潘素专攻山水。于是，先请老画家朱德甫为师，从基本技艺人手，画一些花卉小品，教潘素为日后从事大创作做好铺垫。张伯驹还请古文功底极深的夏仁虎先生教潘素学习古典文学。

在苏州城里，还有一位名画家汪孟舒，此人学元朝黄公望，擅山水，于是，也被张伯驹请来，专门教潘素画山水，为潘素提供了常人无法企及的习画条件和环境。潘素学画生涯可谓漫长而艰难，在张伯驹的支持下，付出了无数的艰辛，终于成为中国现代画坛上一位知名的山水画家，尤其擅长于金碧青绿及雪景山水、水墨山水，浅绛山水则兼南北宋之长，形成了自己的风格。有人评价她的山水画不染纤巧习气，不见刻板匠气，清雅空灵，气度恢弘，韵味高妙。潘素的青绿山水作品《漓江春晴》，被赞誉“此画颇有新气象”。

在绘画方面，张伯驹夫妇还互相配合，相携相伴，互为增辉。潘素擅画，张伯驹擅书法，于是，张伯驹常为夫人的画作题诗、题词。二人以智者之思在丹青、翰墨间合作携手，寄托情怀，也折射出高贵的人格和高尚的情操。

难能可贵于绘画成就的，还是潘素对张伯驹的爱情终生贞洁不渝，真正做到了风雨同舟、患难与共。很多人对于潘素的叙述往往止步于她的婚恋传奇，对她的一生则少叙述，其实作为一位女性，她在婚姻之后漫长岁月里所表现出来的非凡品格，才是更为可贵的。

对于潘素深有研究的任凤霞女士在《慧心百年，素韵流芳》一文中说：“我们不要想当然地认为，潘素只是幸运，才有了近乎完美的婚姻、事业和家庭，只是选对了男人，生命才绽放出了精彩和绚丽……潘素一生付出了远超寻常女子的努力和艰辛，却鲜为人知。她的情怀、品格似乎在张伯驹盛誉掩盖下很少有人去挖掘和描述。”

这段话说得很深刻，张伯驹和潘素的结合固然传奇，但最为高尚和感人的还是他们那漫长的婚后岁月。

对潘素的第一次巨大考验是1941年张伯驹被匪徒绑架，命悬虎口之时。

1941年6月，张伯驹在上海遭遇绑匪，一时成为轰动上海滩的头号新闻，这是一起典型的打击报复，勾结汪伪特务、匪徒掳人勒赎的可恶行为。

张伯驹在上海没有私人住宅，其时正住在陕西北路一个叫牛敬亭的河南老乡的宅院中。一天张伯驹去银行上班，刚走到弄堂口，猛地被一伙人塞进轿车绑架而去。当时邻居看见张伯驹被人抓走，立即告诉潘素。潘素不知所措，跑去找孙曜东，从此开始了营救活动。

时年潘素27岁，心地单纯，毫无社会生活经验，仓皇面对突如其来的这场横祸,丈夫生死难料,其所承担的巨大压力以及面对的环境之复杂是不难想象的。她终日坐卧不安,提心吊胆,每至夜深,噩梦不断。一位少妇就这样抛头露面,探听消息,打通关系,筹措款项,多方营救。营救过程复杂多变,持续了 8 个月。同时她还要精心珍藏保护张伯驹视若生命、不许变卖的书画珍品,以及面对社会上卑劣之徒的不良居心,等等。

经过她的周旋和斗争,张伯驹终于脱离虎口,朋友们都称赞潘素侠肝义胆、忠贞贤良。老画家陶心如为此泼墨作画,赞誉潘素。古人云"从行赴难有贤妻",潘素做到了。

张伯驹夫妇经历的磨难和考验还有很多,后面还要讲到。这里需要补充的一点就是,关于张伯驹与潘素恋爱的经过还有一种说法,即曾任项城县文化馆副馆长的刘运星,于 2002 年撰写《八宝山向张伯驹先生遗体告别仪式回忆》一文。他说,张伯驹先生逝世后,其夫人潘素和一家人及亲戚们料理张伯驹的后事,自己也在场。在谈到张伯驹一生大事时,潘素曾抹去脸上的热泪,若有所思地说起她和张伯驹相识相恋的经过。她说,我父亲在旧社会吃喝嫖赌都干,认识人很多,经人介绍也认识了张伯驹。初开始张伯驹每次到我家总是谈些诗呀、词呀。我心想:这个人怎么总是谈这些呢?稍后我又得知张伯驹是个宦门阔公子,又是著名才子,却与其他公子少爷不一样,不抽大烟,不喝酒,不嫖女人,专心研究诗词做学问,品德高尚,世上少见。慢慢地,我对他产生了爱慕之心,后来我们就订了婚。

这一段潘素的回忆,否定了张伯驹在一次演唱会上,一见潘素,惊为天人的说法。让人感到是真实的、可信的。那么,张伯驹与潘素的相识传奇,又是怎样来的呢?看来,确实是传奇而已,民间的想象力真是可以把传奇编织得天衣无缝啊!

2019 年,张伯驹先生的外孙楼开肇发表《我外公外婆的倾国之恋》一文,其中叙述的情况基本与刘运星的叙述一致,是可信的。楼开肇说:

> 我的外婆原名潘白琴,1915 年出生在苏州。她的父亲是潘智合,母亲是沈桂香……我外婆十几岁的时候,亲生母亲去世了。父亲娶了后妈。后妈觉得白琴不能每天在家里闲着,无所事事,要挣点钱,就像现

在年轻人出去打工一样。因为她从小接受艺术熏陶，学习书画，也会弹琵琶，正好有一技之长，就到上海的书场，就是表演弹唱的地方，在那里谋生。

现在外面传言的，说她因为母亲去世，后妈把她卖到青楼，完全是按照90年代的一部电视剧演绎的情节编造的。后来越演越烈，大家你骗我，我抄你……

但不是那么回事。

我的外公张伯驹，有些人想象他的夜生活，要吃花酒、应酬，说他是在风流场所遇到我外婆，后面还演绎成张伯驹和一个国民党军官争一个女人。这都是传言，与事实越来越偏离。其实我外公和我外婆的相识，在我外公的日记里面都有记载：他们是通过父辈的一个世交，叫孙履安，通过他们的介绍，两个人相识，最后在苏州完婚的。

楼开肇这些话，笔者认为基本上是可信的、合情的，至于孙履安，笔者认为，和刘运星文章中所说的“经人介绍”的这个人可能就是同一个人。

第三讲

词才直似李后主

这一讲接触到的是，张伯驹一生最主要、最突出、最卓越的文化艺术成就——词作。

张伯驹一生实质上就是一个词人，可以说词作已成了张伯驹生命中不可或缺的重要部分，也可以说张伯驹的文化底蕴主要体现在词作成就上。张伯驹首先是一个卓越的词人，同时又是一个伟大的爱国者和伟大的文物收藏家。著名词学家施议对先生在《当代词综》前言中，把张伯驹列为中国当代十大词人之一。我们可以说，如果离开了文物收藏，张伯驹仍不愧为一个文化大家和艺术天才；而如果离开了词作，张伯驹文化大家的形象可能就要打些折扣了。

天赋词才

1985年张伯驹去世后，中华书局出版了《张伯驹词集》，编选了张伯驹一生词作数千首中的907首，大体反映了张伯驹一生词作的概貌。如果从词集中第一首词的写作时间1927年算起，至1982年，写作时间前后55年。其间1955年至1961年、1966年至1969年无词作收入。

一般介绍张伯驹词作概况的学人总是说张伯驹自30岁时始为词。这个说法是不确切的，词集中第一首词是30岁时写的，但不能说他30岁前没有填过词，如果没有填过词，那么，一填词就那么成熟，那么优美吗？这是不可能的，他必定有一个学习写作的过程，只不过他没有编入30岁以前的词作。

从张伯驹少年时代的读书生活中可看出，张伯驹天资聪明，9岁已能作诗，且读了大量的古典文学作品，不用说必然少不了大量的唐诗宋词作品，模仿唐诗宋词而填词，就是自然的了。从他后来撰写的《丛碧词话》可以看出，他从青年时代起，就开始着力欣赏和研究唐宋词了，而且其研究相当深入，对诸多词人的词风以及琢句炼字都提出了自己的看法，而且在行文中毫不掩饰地流露出他对一些词人喜好、赞美的情感，例如：他对李煜、冯延巳、晏殊、欧阳修等人小令的喜欢，对擅写长调者姜夔、周邦彦、吴文英等人的推崇。他对这些词人的作品不但喜欢，而且下功夫进行了模拟创作，以求自己在词作艺术上的进步。这一点，从他《丛碧词》中诸多依韵之作就可以看出来。这些词作集中、鲜明地展现了他少年词作的功力，也展现了他的少年才华和刻苦学习的程度。

宋词按风格流派主要分为婉约、豪放两派。婉约，是婉转含蓄之意，其特点主要是内容侧重离思别愁、闺情相思，艺术上音律婉转和谐，语言圆润清丽，有一种柔婉之美。

张伯驹早期的词，多为婉约词。他首先从学习婉约词的小令写法入手，尽量体现小令的精致典雅、工巧流丽的风格，并重视音律谐婉，语言圆润，清新绮丽，以避浅显直白之弊。

对于唐五代词人，他很喜欢温庭筠、冯延巳、李煜、韦庄等人的词，他认为温词大多浓丽绵密，韦词则倾向清丽疏朗，而冯词语言清丽、委婉情深，与温庭筠、韦庄恰恰分鼎三足。

张伯驹欣赏且常常背诵的小词就有冯延巳的《谒金门》：

风乍起，吹绉一池春水。闲引鸳鸯香径里，手挼红杏蕊。　斗鸭阑干独倚，碧玉搔头斜坠。终日望君君不至，举头闻鹊喜。

张伯驹认为这首词的最后两句写得极为生动传神。“终日望君君不至”将思妇愁眉不展、无心赏春的原因一语道破。最后一句“举头闻鹊喜”又将一丝希望、喜悦之情跃然纸上，这种感情的骤然一转，意蕴无穷，耐人寻味。

对于北宋词人，张伯驹在学习小令的过程中，着意模仿的主要是欧阳修和晏几道。

欧阳修，字永叔，号醉翁、六一居士，北宋政治家、文学家。欧阳修反对绮靡浮华的文风，提倡简洁平易、委婉自然的文风，他的词作文笔清婉疏隽，情韵淡雅深挚。他有一首词《蝶恋花》流传甚广：

庭院深深深几许，杨柳堆烟，帘幕无重数。玉勒雕鞍游冶处，楼高不见章台路。　雨横风狂三月暮，门掩黄昏，无计留春住。泪眼问花花不语，乱红飞过秋千去。

这首词写景状物，疏浚委曲，虚实相融，辞意深婉，尤其对少妇心理刻画写意传神。

张伯驹反复品味了这首词，也作了一首《蝶恋花》：

蝶恋花

深掩云屏山六扇，对语东风，依旧双双燕。小院酒阑人又散，斜阳犹恋残花面。　流水一分春一半，有限年华，却是愁无限。禁得日来情缱绻，任教醉也凭谁劝。

这首词也是写暮春黄昏之景的，欧阳修的词写重门将黄昏景色掩闭，也无法留住春意。张伯驹说："小院酒阑人又散，斜阳犹恋残花面。"其情味何其相似。而末句"任教醉也凭谁劝"是从宋末词人黄公绍"花无人戴，酒无人劝，醉也无人管"之名句化出的。由此可见，张伯驹对宋词熟悉的程度，领会其含义而又能灵活巧妙地为我所用、化出新意的才华，而不是生硬模仿。

张伯驹的这首词曾被行家评为"清妙自然""可乱六一"。

张伯驹也很喜欢北宋词人晏几道。晏几道，是晏殊的幼子，号小山，他生于显贵之家，却不愿攀附权贵，一生浮沉词酒，落拓不遇。其词多写人生失意之感与男女悲欢离合之情怀，以小令入胜，工于言情，语言清新、缠绵、凄丽。他有一首词《思远人》：

> 红叶黄花秋意晚，千里念行客。飞云过尽，归鸿无信，何处寄书得？
>
> 泪弹不尽临窗滴，就砚旋研墨。渐写到别来，此情深处，红笺为无色。

这首词中词人所怀念的"行客"，就是莲、鸿、苹、云四位歌女中的两位。晏几道在其父晏殊去世后，家道中落，荣华富贵只剩下了余烬冷烟，晏几道也从雕梁画栋的楼头，跌落到人情冷暖的世俗。两位歌女自主人败落后，如飞云、归鸿杳无踪迹。全词借一系列景、物感兴生情，极婉转，极激切；辞浅情深，平淡含蓄，将词人痴心痴事、痴情痴恋，写得深婉动人。

张伯驹对这首词，也有一首和词：

思远人

和小山

> 花落絮飞春事了，千里更为客。空来鸿雁，不捎书信，消息怎寻得。
>
> 悲时血向心房滴，泪眼渍如墨。待望到尽头，绿悽红惨，斜阳黯无色。

这首词既用晏几道词原韵原字，且先后次序都相同。由此可见张伯驹仿作北宋词人的词，功夫下得很深，这首词也酷似晏几道词的词情和词风。

宴几道还有一首词十分有名，就是那首《临江仙》：

> 梦后楼台高锁，酒醒帘幕低垂。去年春恨却来时。落花人独立，微雨燕双飞。　　记得小蘋初见，两重心字罗衣。琵琶弦上说相思。当时明月在，曾照彩云归。

这首词为怀念词人与歌女小蘋初见情恋与离散之作，“落花人独立，微雨燕双飞”是翁宏《宫词》中的两句，被晏几道巧妙引用，堪称点铁成金，词家妙手天成，成了“千古不能有二”的名句。这首词语言清新俊逸，意象绵密空灵，亦景亦情，时空交映，以美境传苦情，情蕴深婉悠远，实为北宋婉约词之佳作。

张伯驹叹赏这首词的精美，也仿作了一首《临江仙》：

> 帘影故家池馆，笛声旧日江城。一春深院少人行。微风花乱落，小雨草丛生。　　驿路千山千水，戍楼三点三更。繁华回忆不分明。离尊人自醉，残烛梦初醒。

这首词也是写怀念情人远隔千山千水之愁情的，但作者的摹写已有了变化，把一腔愁情融化在轻灵可爱的物象中了。晏几道的“落花人独立，微雨燕双飞”，写人与落花，燕与微雨皆交融在一起，意境很美，更觉绵邈深情，却也有一股孤独悲凉的意味。张伯驹的“微风花乱落，小雨草丛生”，意境也很美，语言活泼轻灵，和晏几道的“微风”与“落花”有神似之处，却不再是单纯的模仿，已有了更加清新、精微的意蕴。所以，张伯驹这首词当时也得到很高的评价，有人赞之为“大有南唐之骨，北宋之神”“置之小山词中，可乱楮叶”。

对于北宋末年词人，张伯驹极为称赞的词人还有周邦彦、李清照等，特别是周邦彦。周邦彦，字美成，自号清真居士。周邦彦是北宋末年词坛上的集大成者，词誉极高。他写景寓情，笔意含蓄，他的一首《兰陵王》词是格律派的代表作：

柳阴直，烟里丝丝弄碧。隋堤上、曾见几番，拂水飘绵送行色。登临望故国，谁识京华倦客？长亭路，年去岁来，应折柔条过千尺。

闲寻旧踪迹，又酒趁哀弦，灯照离席。梨花榆火催寒食。愁一箭风快，半篙波暖，回头迢递便数驿，望人在天北。　　凄恻，恨堆积！渐别浦萦回，津堠岑寂，斜阳冉冉春无极。念月榭携手，露桥闻笛。沉思前事，似梦里，泪暗滴。

这首词借咏柳送别抒写词人长久羁宦京都的离愁别恨。毛幵《樵隐笔录》说："绍兴初，都下盛行周清真《兰陵王》。"这首词末句连用六个仄声字，更需功力。而张伯驹亦有和韵之作：

兰陵王

金陵客中。依清真韵

晚烟直，春草无人自碧。吴门外、官道夕阳，怕见青青柳丝色。红尘望故国，谁识？飘零旧客。来时路、天外片帆，不尽江流泪千尺。

萍踪问前迹。又酒剩空尊，花落残席。小楼夜雨过寒食。忆十里迢递，几番寒暖，亭长亭短又一驿。念家在天北。　　悲恻，恨凝积。叹客意阑珊，归梦沈寂。芳春有尽愁无极。听卖杏深巷，唤饧长笛。寒宵孤枕，更漏断，似泪滴。

这首词不仅用周清真原韵，而且是次韵，即依清真原词的韵次，逐句逐韵填押，用韵的次序丝毫不乱。而词作本身，依然一气呵成，无丝毫勉强凑韵之感，这可见他的才气大、功力深。

张伯驹对唐宋诸家的次韵和词，在《丛碧词》里还有很多，特别是他还专挑古人的名作来次韵唱和，例如他唱和姜夔的《扬州慢》《淡黄柳》《惜红衣》《角招》《征招》《暗香》《疏影》《琵琶仙》等，和吴文英的《双双燕》《秋思》《新燕过妆楼》《西子妆》《拜星月慢》《玉京谣》《莺啼序》《夜合花》《金缕曲》等，和周邦彦的《尉迟杯》《兰陵王》《西河》《浪淘沙慢》《绕佛阁》《花犯》《踏青游》《庆宫春》等，和秦观的《鹊桥仙》（连和三首），和柳永的《八声甘州》和贺方回的《青玉案》等。

著名学者冯其庸对张伯驹的词作才华是非常佩服的，他曾说："伯老的词，确是地道的词人之词，是承唐五代及两宋格律派词人的传统，这就显得需要功力和才气。"

可以说，张伯驹早年便倾心词学，更是认真、刻苦学习南唐、北宋、南宋优秀词人的作品，着力学习、锤炼自己词作的婉约风格。当然张伯驹也很喜欢苏轼、辛弃疾等人的词作。他早年的《丛碧词》集，便突出地反映出他对中国优秀诗词的欣赏和努力学习的精神与天赋词才。其婉约词作的重大成果，奠定了他在现当代中国词坛上的词人之词的地位。

山水绮丽

张伯驹早期词作的内容除少数回忆青年时代"五陵年少"、从军生涯以及"悔觅封侯"的军旅题材以外，最主要的、最出色的还是山水风景词，或者说是旅游山水词。这主要是由两个原因形成的。一个原因是，张伯驹作为出身富贵之家的少年英俊、文学青年，其观赏风景、游历各地本是其生活中的一项内容，这是他的爱好，也是经济上能承受得起的。而事实也确实如此，他在同邓韵绮、潘素的新婚岁月里，曾游历了北京及江南一带的名山胜水，特别是他和潘素婚后多居上海，常往返于北京、南京间，或去苏州、杭州、海宁、昆山等地，海宁观山、泛舟西湖、观赏古迹就成了生活中的一部分。后来，他们又去西安避祸，又有了观赏四川、西南一带山水名胜的机会，山水风景无疑给他提供了丰富的题材。另一个原因是，山水田园词本身就是婉约词书写的一个重要范畴，是历代诗人们反复咏唱的对象，也是婉约词风擅于表现的重要题材。张伯驹倾情于婉约词的创作，有了这样的生活和阅历，其才情自然是要付诸笔端的。

所谓山水旅游诗词，是指以山水等自然景观为主要描写对象的诗词。

但中国古典诗词写山水风景并不是单纯的写景,而是情景交融的,这种感情入景的诗词对人们的精神生活起着一种娱悦和慰藉作用,这就是山水风情的精神价值。客观的山水,本无风情、灵性可言,但有了诗人的观赏和咏叹,也就被赋予了情感和灵性。所以,中国古代诗词写景往往不是单纯写景,只有这种含有情感的诗词,才给我们提供了无限的美的享受。

同时,古典诗词写景有一套丰富的审美理念,例如:讲究含蓄蕴藉,讲究兴象玲珑,讲究意会神韵,崇尚自然清新等。但做到这些谈何容易,这就看诗人的水平了。而在这方面,张伯驹是成功的,张伯驹笔下的旅游山水词就富有清新明快、婉约多丽、生动活泼的风格。

让我们且读几首:

鹧鸪天

西湖旅夜

二月春寒未放晴。炉香烟细冷云屏。灯花照影愁先觉,湖水摇窗梦不成。　　一阵阵,一声声。斜风细雨到天明。问人夜睡何曾著,燕子无须唤客醒。

这首词清婉流丽,词风欢快。这是张伯驹小令的突出特色。

秋霁

中秋同韵绮、鹤孙、西明泛舟昆明湖赏月。迟景荣吹笛,王瑞芝操弦和之。

千里婵娟,与玉阙琼楼,共一颜色。寒似层冰,皎如圆镜,照来水天双澈。一叶剪碧。荇飘翠带鱼盈尺。隔树阴,蛩语、长桥横卧少人迹。

歌板暗诉,怨抑沈沈,夜阑秋声,都入瑶笛。倚兰桡、临流顾影,人间未应有今夕。疑是广寒天上客。素娥何处、应似桂殿同游,满身清露,去时还湿。

词人以其特有的工丽笔致,描绘了一幅难得的中秋月夜、湖上泛舟、唱叹抒情的游乐图。此词已显现了词人情深而雅、旨婉而约、摇曳多姿的词风。

鹧鸪天

过厦门

枕上寒潮断梦残，客愁离绪一番番。语随地换知家远，花盼春留待主还。　　山叠叠，水弯弯，海乡风景近南天。小船逐队飞如鸟，细雨声中卖蜜柑。

这首词音律和美，节奏轻快自然，充分显示了词人句法活泼、轻灵流畅的风格。这首词是张伯驹婉约词的代表作之一。词中充满音乐的律动感和灵性，是其词优美的根本要素之一，也是词作为韵文文体不可或缺的。

还有一首词，不可不说：

临江仙

游西湖，遇雨，避一别墅亭中，先有一人携丽于雨中吹笛，情景如画，词以记之

垂柳阴阴雾锁，湖天漠漠烟笼。胭脂染透小桃红。鱼儿三尺水，燕子一帘风。　　亭榭谁家寂寂，楼台到处重重。一声玉笛破空濛。山光微雨外，人影落花中。

这首词的妙处在于“鱼儿三尺水，燕子一帘风”，整个风景，静中有动，使静谧迷蒙的气象活泼起来，有了生气，语言也自然流利，“鱼儿三尺水，燕子一帘风”似随口说出，似乎人人能为，但的确是极为精练的、高度概括的画龙点睛之笔。我玩味再三，试图再换上一句话，但总归不成，可见不是人人能为的，这是张伯驹词作的特点。类似口语却颇为精美的词句在张伯驹词中还有很多，几乎可以随手拈来，如“一夜桐飘穿月破，数行雁过印江寒”“微风花乱落，小雨草丛生”等。此词中的“山光微雨外，人影落花中”，也是从晏几道的“落花人独立，微雨燕双飞”中化用过来的，这样的化用，前边已经介绍过一次,这次又化用为“山光微雨外,人影落花中”,均与“微风”“落花”有神似之处,却不再是单纯的模仿,且都能创造出新意,可见张伯驹婉约词作的水平已达到相当自然而精工的水平。这一时期,是张伯驹婉约词风趋于成熟的时期。

有人说,张伯驹这一时期的词可以说是一种“闲适词”,意思就是公子哥儿过的一种闲适生活,是一种无作为的、无目的的,纯粹消磨时光的无意义生活。我认为这样给张伯驹这一时期的词作定性是不全面、不恰当的,因为张伯驹这时的生活,快意、顺心,甚至可以呼风唤雨的情形是有的,但他的生活绝非单纯的闲适,他对山水风光的赞美和领悟,是中国歌颂自然之美的山水旅游词中一笔宝贵的财富,是有积极意义的。

1942 年 10 月,张伯驹夫妇离开上海、北平,来到西安,其原因是在上海被绑架脱险之后,决意离开是非之地,而北平早已沦陷,也不是平安生活的地方,于是就到了日军没有占领的西安。

这一时期,张伯驹词作的主要内容是山水词和情词,在词的格律上,则是小令、长调并举,且形成了鲜明的艺术风格。

张伯驹情词的具体情形下面再讲,在这里主要讲一下张伯驹山水词在这一时期的成就。这一时期,张伯驹身处抗日战线的大后方,日常生活相对安定一些,同时,因身处地域和工作的需要,张伯驹曾入川再去贵州向吴鼎昌汇报盐业银行工作,便有了四川山水之行。同时,他还游历了骊山、霸桥、太白山等西部的风光和历史景点,就有了数量较多的山水旅游词。

先读一首:

鹧鸪天

灌县

今古浮云玉垒关,天开形胜锁丸函。一声羌笛愁杨柳,三月山城卖牡丹。　峰积雪,水翻澜,地通西域近番蛮。平原望里东南尽,两派江流下锦官。

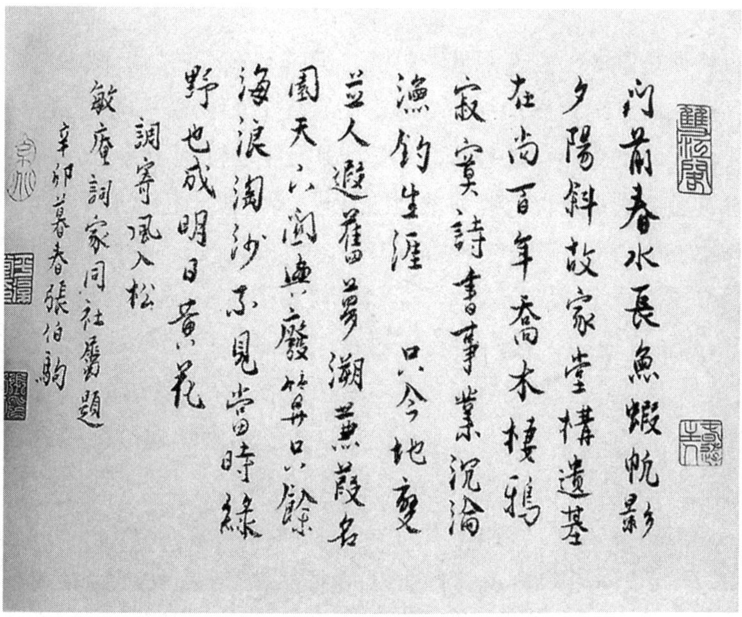

1951 年暮春，张伯驹为《咸水沽旧园》题词一阕。

这首词韵律和美，朗朗上口，绘景如画，令人心摇神荡。另一首更是别有情味：

浣溪沙

渝州春阴

客里芳春已半休，冻桐时节似凉秋。恼人天气在渝州。　　花片散为千点泪，雨丝织得几多愁，半江烟水上层楼。

渝州，即是重庆。这首词描绘的就是细腻而又浩茫的山城景色，全词语辞清丽婉雅，情意缠绵真挚而不媚软，柔媚中含雄风之气，写景抒情浑然一体，给我们美的享受。在这些词中，张伯驹很好地体现了移景入诗的原则。我们知道，融情入景是比较容易做到的，即使所写景物皆含有个人情感的色彩，而移景入诗是不易的。中外都有"诗如画"的说法，古希腊诗人西蒙·尼德斯说"画是无声诗，诗是有声画"，苏轼讲"诗中有画，画中有诗"，就是这个道理。写风景诗词的关键不但在于融情于景，更在于"状难写之景如在目前"，使人读了诗，就好像看到了景色一样。张伯驹在西安期间，他的山水旅游词作的技巧，达到了成熟大美，也充分体现了他崇尚婉约词的风格，从而也基本奠定了他在婉约词坛上的地位。所以，周汝昌在为《丛碧词》写的跋文中说："如以词人之词而论（有别于诗人之词、文人之词、学人之词、杂流之词），则中国词史当以李后主为首而以先生为殿——在他之后，恐怕不易再产生这样真正的词人之词了。"

自《丛碧词》后，张伯驹词集中写山水旅游词的情景就不多见了，而且，词人的主要目的，已经变成了借景去抒发自己的情感和遭遇了，写景变成了抒情的手段，而不像这一时期的旅游风景词，是让你看到生动活泼的景色，然后才由景生发出自己的情感。

情词婉约

唐宋词中多有写儿女情长的词，故有词为艳科之说，从一开始就带着缠绵多情、悱恻柔婉的特质，大多描写男女的相思相恋、悲秋伤春等。男女之情，成了婉约词的主要载体。张伯驹早期的情词较多，但没有专写某人的情词，而是泛泛地描写男女相思。

唐宋词中的情词大多有绮罗香泽之态，也就是脂粉气，所以有人又称之为“花间词”，这些词风格多是香而软的婉约情调。但张伯驹的情词却言情雅致，不涉轻狂，且有一种委婉多情、清新爽朗的风格。

浪淘沙

香雾湿汍澜，乍试衣单。小楼消息雨珊珊。斜卷珠帘人病起，无奈春寒。　　愁思已无端，又减华颜。年年几见月团圆。燕子不来花落去，莫倚阑干。

这首词显然是模仿唐宋词中情词的婉约风格写成的，没有人物的专指。

他的一首《卜算子》，以婉转的笔触、清丽的词句写出了情感的甜美：

卜算子

落叶掩重门，桂子香初定。今夜月明分外寒，照澈双人影。　　薄袂倚虚廊，天外银河耿。街鼓无声未肯眠，忘却霜华冷。

好一个充满诗情画意的秋夜，情人敏感的心，是那么清澈而美好。张伯驹善于通过创造一种情景交融的意境，传达纯洁纤细的情感。

张伯驹这一时期的情词，主要还是泛泛之作，抒写男女恋爱、纯洁美好的情思中共有的特征和情感，而在他与潘素结婚之后，他的情词才渐有明确的对象，情词中的感情也不再是泛泛而言，而是有了具体的内容，他才真切地体会到爱情生活中的温暖和倾情、苦难和坚毅，更多地感受到爱情是一种人生的希望和追求，更是苦难中战胜一切磨难的力量。也就是说，这时，他的情词中才有了包含爱情的伟大意蕴。

1941 年，张伯驹被绑架达 8 个月，其中，他先后写给妻子潘素四首词，且看其中两首：

梦还家

自度曲。难中卧病，见桂花一枝，始知秋深，感赋寄慧素

无人院宇，静阴阴，玉露湿珠树。井梧初黄，庭莎犹绿，乱虫自诉。凉宵剪烛瑶窗，记与伊人对语。而今只影飘流，念故园，在何处？想他两地两心同，比断雁离鸳，哀鸣浅渚。　　近时但觉衣单，问秋深几许？病中乍见一枝花，不知是泪是雨。昨夜梦里欢娱，恨醒来，却无据。谁知万绪千思，那不眠更苦。又离家渐久还遥，梦也不如不做。

虞美人

十一月下旬，雪，接慧素信，词以寄之

野梅做蕊残冬近，归去无音信。北风摇梦客思家。又见雪花飘落似杨花。　　乡书昨日传鱼素，多少伤心语。枕头斜倚到天明，一夜烛灰成泪泪成冰。

这两首词才有了夫妻情爱之深的切身感受，再也不是凭空想象的了，真正以自己特有的言语抒写个人的情感。从此，张伯驹的情词就有了唯一的对象，就是只写给夫人潘素；而且，年年写，每年的元宵节是潘素的生日，他都要借着这个充满寓意的节日，为他和潘素的爱情填词，同时，因有了元宵的寓意，他的情词就多了更加丰富的内涵。请看一首《水调歌头》，他在小序中就特意写明："元宵日邓尉看梅花，是日为潘素生日。"

明月一年好，始见此宵圆。人间不照离别，只是照欢颜。侍婢梅花万树，杯酒五湖千顷，天地敞华宴。主客我与汝，歌啸坐花间。　　当时事，浮云去，尚依然。年少一双璧玉，人望若神仙。经惯桑田沧海，踏遍千山万水，壮采入毫端。乱眼看人世，梁孟日随肩。

由这首词不难看出，张伯驹对他与潘素历经磨难的爱情的珍视。

除了元宵，每逢中秋，张伯驹也常填词，赞美他们爱情的圆满，如：

人月圆

辛丑中秋，同潘素访友，步月归家

玉街踏去疑空水，双影似双鱼。冰壶澄澈，纤尘俱净，万象清虚。明年何地？家中客里，不改欢娱。无边人世，光明到处，皆是吾庐。

你看，在张伯驹眼中，他们的爱情已圣洁得犹如脱离了凡尘，达到了人间天上、纤尘俱净的境界。

对于张伯驹的婚姻与情词，谢燕女士在《张伯驹词研究》中，可能是出于女士对婚姻生活的深刻理解，有一段说得很好，她说："可见这对夫妇相处，是完全以张伯驹为轴心的。无论是在吉林关外，还是在北京生活无着的窘境中，潘素都不离不弃，相依相随。她是张伯驹艺术上的知音，生活中的伴侣，也是精神上的支柱。到了晚年，由她一人操持家务，她的喜怒哀乐一切都顺应着张伯驹的脉搏跳动，正是这种深厚的感情，决定了张伯驹情词中纯净、深挚的面貌。张伯驹在情词中常用梁孟'举案齐眉'、张敞'画眉'两个典故……张伯驹对这种'举案''画眉'的情感深深向往，与潘素的伉俪情深也成为支撑他在晚年落寞生活中的重要寄托。张伯驹的为人处世，本来就有向往魏晋风度、晚明士人风气，不拘礼法行迹的倾向，再加上新社会对婚恋观念的变化，造成张伯驹后期情词的独特面貌及对情词传统模式的突破。他的情词中常展现一种相依相守的平淡与满足……他通过词的传统形式表现一种现代婚恋观念，极真挚坚贞，与传统爱情词情调完全不同。他对妻子的专注到了一种'贞洁'的程度，'百年夫妇百年恩，纵沧海、石填难数''两情一命永相怜，从未解朝秦暮楚'。在另一方面，他的情词永远跟他回顾自己坎坷的遭遇与人格的坚守联系在一起，这是一种自誓也是一种自慰。"

张伯驹的情词是其一生词作中的重要内容，闪耀出鲜明的特色和风格，是研究张伯驹一生和情感所值得重视的。同时，对待张伯驹的情词，我们不能满足于研究和解析，我们应该珍视的是他们夫妇对爱情要义的理解和坚守。他们的遭遇和情词足以说明:爱情的珍贵不仅是快乐顺境中的享乐愉悦、琴瑟和鸣,更是苦难中的相助、慰藉。精神的理解和支持远比欢乐中的物质享乐更具有意义和价值,更令人刻骨铭心。我们更应该学习和敬重张伯驹夫妇对爱情坚贞不移的高尚品德。

第四讲 诗钟、联语趣事多

诗钟和联语都是中国特有的文学样式。

联语即对联，是从古至今在我们文化生活中应用广泛而又喜闻乐见的一种特殊的诗词；诗钟则是中国古代文人的一种限时吟诗或集句的文字游戏，现在几乎是要失传了，但它是值得珍视和抢救并传承的一种诗词艺术。创作联语和诗钟，不仅要靠学问的渊博，更需要才华和机智。

张伯驹的词作天赋，在诗钟、联语等艺术形式中的表现，可以说令人叹为观止，其出奇卓绝的才思简直是不可思议的，一是让你感叹张伯驹的博学，二是让你敬佩张伯驹超常的智慧，用一句俗语说：不服是不行的。因为那实在不是常人凭勤奋和努力就能学来的。

诗钟圣手

要讲清楚张伯驹的诗钟才华,就要先讲清楚什么是诗钟,它有哪些要求和特点。这一清末民初很流行,甚至在20世纪50年代初还很流行的诗词艺术形式现在近乎绝迹了。据说,近年有些人提倡恢复,也做了一些实际工作,但这一传统文化形式要恢复起来是不容易的。

诗钟属于中国韵文的一种,中国韵文的起源可上溯至远古,历代而不衰,致有楚辞、汉赋、唐宋诗词、元曲之盛。清代中期出现了新韵文——诗钟,首先发祥于闽,继而走向全国。北京"打诗钟"的出现,则是福建人林则徐等于道光年间在北京兴起的。清末民初在北京很流行,到抗日战争前达到顶峰。后来,在政治和社会的大变革中,这种活动很快沉寂了。

诗钟是一种特殊形式的诗,从形式看,很像律诗中间的一联。故又叫"两句诗",因多是七言,也叫"十四字诗"。诗钟的基本法式和要求主要有五点:一是遵守七律的格律,平仄要求严格,对仗要匀整。二是用词要凝练。三是重视立意,内容无意义或意境不高的诗钟,谓之哑钟,即敲之不响,唱之无味。诗钟以立意高远,富含哲理者为上。四是用典忌僻,即注意诗钟用典均衡,如果一句用典,一句不用典,则称之为"跛脚钟",同时用典不要太生僻。五是要紧扣钟题,由于诗钟是限时限题,因此必须扣住钟题,对仗工整,切合题意,不能离题。

诗钟主要分为两大类,即合咏体、分咏体和嵌字体。

合咏体要求上下联现同一事物,即合咏一物或一题,表现题意,但不犯题字。如咏"无欲品高":"淡拂功名无媚骨,深居草野有芳魂。"

分咏体则要求上下联分咏出绝不相干的两件物事,各写各的主题,各有各的独立意境和概念,但又要求彼此配合、上下照应。但同样要求上下联表现题意,但不犯题字。如分咏"笔"和"伞":"举世文章劳我写,满身雨水替人淋。"就很有趣味。

分咏体中又有"集句分咏",集句中的两联都不属于创作,而是集两句古代诗人或词人的两句诗词，分咏两种毫不相干的事物，但又要符合诗钟的各种要求，实在是难度很高的。因此，可以说分咏体要难于合咏体，分咏体也是诗钟常用的一种形式。

另一大类则是嵌字体。即任意拈两个平仄不同的字，都限定嵌在两句中的第几字，组成一联，嵌入七言联中的第几字，就称为“几唱”。

“打诗钟”的过程也很有趣，即每人事先在一张纸条上随便写上一字，然后将纸条团起，杂放在一起，每人随意抓起两个，约定将此二字嵌入七言联中的第几字。同时，别置一个铜盘，在铜盘之上悬一根丝线，下系铜钱一枚。挨着丝线横置线香一根，点火，等香火烧到丝线时，线断钱落，掉在铜盘里发出响声，如同击钟。此时尚未完篇的就算认输，或是罚酒，或是请客，由众人议定。

由此可见，在极短的时间里，要把任意两个字各嵌在上下联中的第几字，且做到各自独立，又有关联、有意境、合律，是极难的。所以，到20世纪50年代初，张伯驹邀人“打诗钟”时，已改了方法。张伯驹有一篇文章《饭后诗钟分咏》，就记述了当时“打诗钟”的情形，他说：“岁己未，余倡为饭后诗钟集，专为分咏诗钟，参与者有夏枝巢、陈紫纶、章行严、靳仲云、江公岩、诸季迟……诸人。每月一集，多在季迟及余家。每集五题至六题，每题作二联至三联。先七日示题，收稿汇印，聚饮评唱，亦时有趣致之作。”

这段话意思是说，要把“嵌字”或“分咏”的“字”和“物事”事先寄给参与的各人，然后匿名汇编在一起，待聚会时，逐一评论，分出等次，再公布诗钟作者，大家聚饮评唱，切磋诗艺，实在是一种有意义的文化活动。

20世纪60年代末70年代初，中国正处于“文化大革命”时期，文化界百花凋零，群众文化生活十分贫乏，天津著名学人、词家寇梦碧、张牧石、陈机峰几位先生每每相聚于海河岸边，又玩起了“打诗钟”游戏，借诗钟遣闷，时间一久，竟然积下了千首诗钟。张伯驹见了，十分兴奋，他是“打诗钟”的行家，也和作了许多，其中“分咏”“嵌字”各体都有。后来，寇梦碧、张牧石从他们所作的诗钟中选录了数百首，附录了张伯驹和作的诗钟，汇编成一册，定名为《七二钟声》，油印后分送给了朋友。2008年春，笔者去天津拜访张牧石先生，先生复印一册赠我，我一直珍藏着。

现在就具体看一下张伯驹如何“打诗钟”：

一次，他抓到“魂”“象”“六唱”，他出语连成二联：“萍末风来群象动，梦边秋入一魂凉。”“风雷鼓荡精魂出，江海澄清气象开。”又如“唐”“水”“二唱”：“高唐有梦曾为雨，洛水无波只剩尘。”“边”“卢”“三唱”：“不容边叟嘲空腹，愿向卢生借枕头。”

张伯驹最喜欢作的是分咏体。他说，分咏体“以毫不相干两题上下分咏，有时妙语天成，较嵌字体尤饶意趣。余即最喜为分咏体而不喜嵌字体”。

的确，分咏体诗钟的作法比嵌字体难得多，也有趣得多。分咏体，即是几个人各写毫不相干的一“人”一“物”，揉成纸团，随意抓取，每人在限定的时间里，将此“人”和“物”分别刻画出来，既不能明指此“人”此“物”，又要前后搭配，合理连贯，组成一联。

张伯驹一次抓到“温飞卿”“蝙蝠”分咏，他很快成联：“旖旎花间推领袖，模棱世上似衣冠。”前句即指花间词派领袖温庭筠，后句显然是蝙蝠，可以说是惟妙惟肖，又含有深刻的讽刺意义，令人拍案叫绝。

又一次抓到“不倒翁”“结婚”分咏，他又从容道来：“比貌疑为长乐老，同心好为后来人。”张伯驹此语一出，众人皆大笑称绝。

张伯驹还曾抓到“状元”和“聋子”的分咏，他很快成联：“一朝选在君王侧，终岁不闻丝竹声。”令人称奇的是这两句都是出自白居易诗句，上联采自《长恨歌》，下联来自《琵琶行》，没有深厚的文学修养和敏捷的思维能力，是不可能如此得心应手的。其实，这是“集句联”，最能显示一个人的智慧与灵感，难度是较高的。“集句”就是从古今文人的诗词、赋文、经典中分别选取两个有关联的句子，按照诗钟上下联的声律、对仗、平仄等要求组成联句，既保留原文的词句，又要语言浑成，另出新意。同时，集联还可使人自然地联想到所集的原作，无形中给人提供了一个广阔的艺术空间，这对陶冶情操、启迪心灵都大有裨益。

且看张伯驹的集句联诗钟，如“杨贵妃”“近视眼”，张伯驹咏道：“承欢侍宴无闲暇，对影闻声已可怜。”上联集自白居易诗《长恨歌》，就是指杨贵妃；下联则是集自李商隐诗《碧城三首》，其中有句“对影闻声已可怜，玉池荷叶正田田”。“对影闻声已可怜”是指写在情郎的眼中，情侣的身影、声音都

琉璃厂墨宝斋马宝山因隋展子虔《游春图》事，与张伯驹往来频繁，洽商过程均由马宝山出面。张伯驹82岁时，应马宝山之请，为他写了这副嵌字联：“宝剑只宜酬烈士，山珍合应供饕夫。”

是娇美、圆润可爱的，可在这里，张伯驹是咏近视眼的，意思是说，就是对着人影也看不清，只能听到声音，多么可怜啊，这不就是近视眼吗？再如，“妻妾争宠”“邮差”。张伯驹咏道：“未知肝胆向谁是，欲问平安无使来。”上联出自唐代诗人高适诗《邯郸少年行》，这句诗的意思是：不知道这副侠肝义胆和拳拳报国之心向谁托付？张伯驹却把这句诗用来咏“妻妾争宠”，可以说与原意风马牛不相及。但仅从字面上看，刻画妻妾争宠时丈夫的心态却是蛮形象的。

前面已经说到，张伯驹最热心请人一块打诗钟的时间是1956年，他的朋友章士钊、夏枝巢、黄君坦常到张伯驹家里打诗钟。章士钊在张伯驹晚年还给过张伯驹很大的帮助，改变了张伯驹的命运呢！这里只说一次章士钊等人在张伯驹家里打诗钟，抓取的钟题是“废园”“月份牌”。由章士钊先打，章士钊想了想，脱口而出：“去无所迹来无恋；月自当空水自流。”大家一片叫好！是啊，月份牌就是日历啊，一张张翻过去了，过去的日子没有追求，来到的日子也不留恋；“月自当空水自流”不就是没人管理的花园吗？可惜了流水月光无人欣赏，当然是废园了，接着是张伯驹，张伯驹咏道：“主人不在花常在；世事何时是了时。”张伯驹顿了顿，又道：“集钱起，张继。”就是说，这两句诗，一句是唐代诗人钱起的，另一句是唐代诗人张继的。大家又是一片叫好之声。钱起的原诗是《故王维右丞堂前芍药花开凄然感怀》：“芍药花开出旧栏，春衫掩泪再来看。主人不在花常在，更胜青松守岁寒。”张继的原诗是《安公房问法》：“流年一日复一日，世事何时是了时。试向东林问禅伯，遣将心地学琉璃。”这是“集句分咏”，也叫“集句联”，难度显然是超过章士钊自作诗的。

由此可见，在诗钟的集句联中，作者须根据自己的主观意念，经过自己快速的选择、思考，才能从浩瀚的文山诗海中撷取两个毫不相关的句子相配以成佳联，且符合格律要求，是十分不易的。从某种意义上讲，集出一联诗钟要比自撰联难得多。由此看来，“打诗钟”虽是游戏，却是一种大智慧、大学问，是各种知识、学识的积累和灵感的突发，于幽默中意味深长，给人以启迪，使人顿感轻松。

虽然现在已很少有人“打诗钟”，诗钟也不为大众所了解，但我们仍然有责任去认识它、介绍它，甚至希望在诗人群体中逐步恢复，继承“诗钟”这种优秀、智慧的文化活动,充分发挥其娱乐、育人的功能。

我曾看到有一篇文章《张伯驹诗钟》,作者是李人凤,他列举了大量的张伯驹诗钟作品。最后,他说:“抄录张伯驹先生的上述诗钟作品后,令我不由自主地发出三条感慨和体会。第一,先生的作品文字传神,形象迷人,所有之作,无不假借着联的形式、诗的意境、谜的趣味,成分咏诗钟的特殊绝妙之品,可说是开辟了二十世纪诗钟世纪的新纪元。爱国主义是什么?爱国主义是具体的。诗钟一式,虽为文字之一戏,但通过对先生作品的品位,无不增添我们对祖国文字文化的深厚热爱。有如此之所得,还小吗?第二,张先生的作品高古典雅。然而,此从何来?读书方饱学,可是时下与先生一样读书饱学者有谁人?有几人?爱我文化,不读我古人之书行吗?任何文化艺术形式,凡是世界第一的,当必须是本民族最优秀的。第三,先生作品,诙谐巧慧。缘何诙谐巧慧?大概是需要大视宇宙自然,宏观世事世人,有高尚的人生观吧?真诚、自然,做人十分必要……”

这段话未必十分全面、准确、精当,但可以看出李人凤先生对张伯驹学问、人品的佩服,以及对中国传统文化的酷爱。

联语妙对

张伯驹一生除痴心于词的创作以外,还热心联语的创作和“打诗钟”活动。“打诗钟”前边我们已经讲过,其实各种规格体式的诗钟都包括在联语的大范围之内,诗钟的佳作也是联语的佳作。

张伯驹很喜欢作联语,也是大家。联语,也称“楹联”,又叫“对联”。据说楹联产生于五代后蜀国孟昶之时,宋朝时逐渐传到民间。联语又是中国的特产、专利,是世界上独一无二的艺术,是一种雅俗共赏的文学艺术形式,极尽新、奇、妙、谐、庄、讽、谏、喻等特点,具有益智教化、愉悦身心、增添生活情趣的作用。

联语又是一种对偶文学,讲究对仗工整,平仄协调,内容可以说包罗万象,有的蕴含哲理,发人深思;有的抒发情怀,动人心魄。许多流传久远的对联异趣横生，令人叫绝，具有很高的美学价值。

联语因多用于交际题咏，对象明确，有目共睹，因此，创作联语还须求切、新、精、工。

切，因景切人，切情切事，入木三分，不可移易。如刘风诰《大明湖小沧浪亭》联："四面荷花三面柳，一城春色半城湖。"即非其地莫属。

新，情辞新颖，光彩照人。劲竹凌空，后来居上。就是要追求新意，自抒性情，不落前人窠臼。

精，传神写照，以少总多，言简意赅。联语是极为精练的一种文学形式，须以短联与多言联为主，精思神笔，不宜贪多求长。

工，对仗工稳，声韵和谐。联语比律诗的对仗更为严格，前后没有掩映，而且悬诸显处，若有瑕疵，人所共见，不免评头品足。因此，要做到珠联璧合，不露痕迹。如王安石集句联："风定花犹落，鸟鸣山更幽。"比王籍原句中的"蝉噪林愈静，鸟鸣山更幽"更为工稳，妙合无间。

张伯驹曾编著有《素月楼联语》一书，他在书中曾举一例，说联语言简意赅，短小精悍，增、减或改换一字，可使联语意思大变。他说，钱谦益是明末清初的知名人物，在明朝任礼部尚书，他曾给自己写下一副联语："君恩深似海，臣节重如山。"而到了清初，他又当了礼部尚书，就有人在上下句尾各加一字，成为："君恩深似海矣，臣节重如山乎？"讽刺钱谦益不能守节，与他自作的联语形成鲜明的对照，讽刺和教育意义都很强烈。

在这本书中，张伯驹还讲了他和他的一个朋友在一段时间内，以诗词、联语往还，表达情感，互致安慰的故事。这段故事既让人感受到他们的深切友情和悲情中的智慧与乐趣，又让人领略到联语这一传统文学式样的艺术魅力。

张伯驹的这个朋友叫叔明，也擅长诗词写作。叔明的夫人也能写作诗词，在她去世时，叔明写了十余首悼亡词《浣溪沙》，寄给张伯驹，张伯驹感到叔明的词情过度悲伤，不忍卒读。就不断写词安慰他。不料叔明的夫人去世的第二年春，叔明也病倒了，张伯驹就时常填词《瑞鹧鸪》寄给叔明，于是，叔明每次收到张伯驹寄的《瑞鹧鸪》词，就说：鹧鸪又叫了。张伯驹知道了，就又写了一首《瑞鹧鸪》，最后两句是："寸寸柔肠谁会得，眼前唯有鹧鸪啼。"

意思是说：您的痛苦和心思有谁懂得呢？就只有我这只鹧鸪在您面前啼叫了。叔明看了张伯驹的这两句，就回词一首，结尾两句是："听到鹧鸪愁已惯，不妨楼外尽情啼。"意思是：我在愁苦中已经听惯了您的啼叫了，您就尽情地啼叫吧，我喜欢听。你看，多么幽默啊！不料，叔明还是一病不起。张伯驹给他送的挽联是："地下镜重圆，终古不分鹣鲽影；人间琴已碎，从今休叫鹧鸪声。"这是一副从意境到形式都很完美的联语。由此可看到张伯驹联语的艺术水平之高，更可以看出联语在我们生活中的作用。

还有一个故事，充分显示了张伯驹在联语方面的智慧与灵感。这就是他对上20年无人能对之对。这个故事发生在1962年他在长春任吉林省博物馆副馆长期间。他有个朋友叫恽宝惠，一日午餐时，恽宝惠和张伯驹谈到对联。恽宝惠说，有一联，20年来无人能对。张伯驹问什么联？恽宝惠即说，联云："董圣人，康圣人，董康圣人。"这一联是什么意思呢？董圣人，即董康（1867—1947），字授经，号涌芬室主人，常州人。历任刑部主事、郎中、法律馆校理、编修、总纂、提调等职，为修律大臣沈家本的得力助手，在清末变法时直接参与各项立法和法律修订工作。董康当时号称"圣人"。至于"康圣人"是谁呢？就是康有为。康有为（1858—1927），原名祖诒，字广厦，号长素，又号明夷，广东省南海县人，人称"康南海"，中国晚清时期重要的政治家、思想家、教育家，资产阶级改良主义的代表人物，在中国近代史上是一个很有影响的人物，当时亦有"圣人"之称。所以，这个上联的确很有意思，很妙、很绝。董圣人指董康，康圣人指康有为，两人之姓合起来，又成一人之名。那么，下联的确是不好对，无怪乎20年来无人能对。

不料张伯驹听了，就说，这很好对嘛，就对"李学士，白学士，李白学士"。恽宝惠说，那就查一下乐天是不是学士吧。结果一查"乐天传"，白居易果然是翰林学士。白居易（772—846），字乐天，号香山居士，祖籍太原。白居易是唐代著名诗人，有"李白、杜甫、白居易"之称，曾官至翰林学士、左赞善大夫。至于李学士，是指李白。李白（701—762），字太白，号青莲居士，是唐代伟大的浪漫主义诗人。天宝元年（742）唐玄宗召见李白，李白对答如流，玄宗大为赞赏，随即令李白供奉翰林，也就有了翰林学士之称。张伯驹对的这个下联堪称妙手偶得，对得极为工整、恰切，可谓天衣无缝。20年来无人能对之联，张伯驹于一二分钟即能对上，果然不愧楹联圣手。

从形式上说，联语又有嵌字联、集字联、回文联、叠字联等特殊形式。特别是嵌字联，也叫“嵌名”，指将特定的名称（多为人名、地名、事物名等）嵌入联语中一定的位置，嵌名联中最难的是将人的名字中的各个字拆开嵌入上下联中，既要得体、通顺，又要富有内涵和情趣，十分不易，而张伯驹在这方面不愧是奇才。

他作的嵌名联多用“藏头”嵌字格，字数整齐，音调和谐，短小精悍，词义贴切。例如，史树青：“树木新栽休斧伐，青山常在有柴烧。”张牧石：“牧野鹰扬开地阔，石头虎踞望天低。”李克非：“克勤克俭常勤俭，非色非空即色空。”冯大彪：“大魁丹桂悬金榜，彪焕珠帘卷玉钩。”海明：“海阔天空驰想象，明窗净几著文章。”欧广勇：“广到穷荒皆坦荡，勇于大敌更从容。”分别将每个人名字中的两个字嵌入上下联的开头，对仗工整，意义关联且含义丰富。

“文化大革命”结束后的一天，梅兰芳夫人福芝芳做东请张伯驹。因为心情愉快，平时很少喝酒的他，在饭桌上吃了两盅，微醉归家，昏昏沉沉地睡了一阵子，醒后即提笔为福芝芳女士成联一副：“并气同芳，入室芝兰成眷属；还珠合镜，升天梅福是神仙。”上下联分别嵌入了“梅兰芳”“福芝芳”夫妻姓名。妙手天成，虽是偶然得之，确是珠联璧合。只是这副对联写好没几天，福芝芳就去世了，“梅福”都是“神仙”了。张伯驹怎么也没想到，竟一联成谶，使他为之慨叹不已。

张伯驹曾送冯其庸一副联语：“古董先生谁似我，落花时节又逢君。”这一联语读来看似无奇，但得来确实不易。因为这是一副集句联，两联都是用前人的成句。上联是《桃花扇》中的一句，而下联则是杜甫的《江南逢李龟年》诗中的一句。上句是作者自说，下句说两人的交往，而这里的“花落时节”不是杜诗里的自然季节，而是说他在晚年才遇上了冯其庸。这副联语张伯驹又做成了分咏体的诗钟，咏“文物商店”“李龟年”也是非常帖切，恰到好处。

张伯驹的联语既含义美好、富有哲理，又豪放雄浑，实为诗句珍品，实事求是地说，今天能欣赏并进而能创作出既美且富有持久生命力的联语的人是越来越少了。

《素月楼联语》是张伯驹于1961年完成的，是一本汇集古今对联谐语、诗钟趣事的书。全书大部分是张伯驹集古今许多优秀的联语、诗钟和故事，也摘录了自己所做的部分联语和诗钟，以及自己进行联语、诗钟创作的趣事。这本书选博取精，意趣高雅，是一本寓教于乐的读物，可谓雅俗共赏。

这本书，细读其故事和联语，可谓生动活泼、趣味横生，语言也不啰唆，既给人以丰富的历史知识，又给人以文化艺术的享受，如在祠宇、名胜部分，张伯驹选取了这样两联：

灵川县诸葛祠有联云："梁父吟成高士志，出师表见老臣心。"又云："成大事以小心，一生谨慎；仰流风于遗像，万古清高。"

灵川在广西桂林市，这副联语是赞颂诸葛亮高风亮节的，既令人生景仰之心，又教人行事要则，颇有哲理。

宣城太白楼有联云："大江淘尽英雄，山经百战楼仍在；诗卷长留天地，人往千秋酒不空。"宣城位于安徽省东南部，此联上联感怀历史而叹太白楼幸存，下联写李白诗酒流芳。这副联语气势豪壮、景象开阔，仰慕李白诗风又令人淘涤心胸，可谓一副名联。

在这本书中，张伯驹也摘录了自己打的一些诗钟，其中几副也是很有趣味的，且让我们欣赏一下。这是一些集句分咏格的诗钟。咏"落叶""驸马"："昨夜秋风今夜雨，一人女婿万人怜。"（集卢伦句）咏"废园""月份牌"："主人不在花常在，世事何时是了时。"（集钱起、张继句）由此可见，腹中若无万卷诗，是很难打这些诗钟的。

《素月楼联语》完成于1961年，那时正是张伯驹被打成"右派"，遭人冷眼，而又处于三年困难时期，先生能在此逆境下，平心静气，忍饥挨饿，忘情于传统文化的事业传承中，足见张伯驹精神的丰富、广博和心外无物的心胸，我们也由此理解了他为什么能在世事风云激变、人情冷暖无常的景况下那样从容淡定。

对于张伯驹的词作、楹联和诗钟方面的才华和成就，在中国近现代文坛上，确实是罕见的。著名的民主人士章伯钧有句话很通俗，他说："中国的文学再发达，以后也不会再有张伯驹。"张伯驹当然不会再有了，但成就和才情能否会有赶上和超过张伯驹的呢？恐怕也很难。

第五讲 此曲只应天上有

戏剧是一个艺术种类，是人们生活所喜闻乐见，不可离开的一种艺术欣赏和享受。京剧更是我们的国粹。

张伯驹对京剧的发展，作出了独特的贡献，却没有广为人知和应有的重视。他在戏剧方面的声名，远被他的词作才华和收藏传奇给遮掩了。

张伯驹戏剧票友的故事堪称传奇和精彩，被人们称为“此曲只应天上有，人间哪得几回闻”，而他对曲坛演艺状况的论述，赏音谈艺，兴味无限，后人读之，如在目前，会使人们感受到中国戏剧文化所包含的诗意美成生动的感人力量。

这一讲，我们就讲讲张伯驹的戏剧票友生涯和他在戏曲研究方面的贡献。

红毹寄梦

讲戏剧就需先讲一些戏剧的基本常识，然后才能加深对张伯驹戏剧生涯及戏曲研究成果的理解。

戏剧是由演员将某个故事或情景，以对话、歌唱或动作等方式表演出来的艺术；中国戏剧则是融诗歌、念白、音乐、舞蹈、绘画于一体，在时间、空间、布景、道具上不受真实生活的局限，具有鲜明的艺术色彩。演员又分为生、旦、净、末、丑等多种行当，且各有化装方法，表演也都有各自的程式动作，具有很强的欣赏性。戏剧是生活的镜子，反映的大都是历史或现代的人间生活的矛盾冲突，具有寓教于乐的作用。因而，对人们又具有很强的教育意义和启示。

中国戏剧有着漫长的发展历史，先后经历了宋元南戏和元杂剧、明清传奇、清代地方戏三个大的发展阶段，直到清代中期以后，各种地方戏兴盛起来，并进入了北京，为近代京剧的发展奠定了基础。京剧形成以后在清朝宫廷内开始快速发展，直至民国，到抗日战争前夕达到空前的繁荣。

京剧在艺术上又是一种特别耐人寻味、韵味醇厚的舞台艺术，在文学、表演、音乐、唱腔、锣鼓、化装、脸谱等各个方面都有一套相得益彰的格律化和规范化的程式，以达到"以形传神、形神兼备"的艺术境界，表演上要求精致细腻，处处入戏；唱腔上要求优美别致，既悠扬委婉，又明亮刚健、声情并茂。同时，京剧传统剧目题材多样，举凡军国大事、社会问题、家庭纠葛、爱情故事、神话传说、民间情趣等，无所不演。不少剧目扶持民族正气，赞扬公正无私、舍己为人、坚贞不屈、勇敢机智的优良品德，对丰富观众的历史知识，培养高尚情操，增长聪明才干，都具有积极作用。

张伯驹青少年时代，正遇到京剧发展的高峰时期。

张伯驹对于京剧的兴趣，是从幼年培养起来的。张伯驹 6 岁时被过继给其伯父张镇芳，随后就来到了天津生活。天津作为当时京剧演出的一个重要码头，名角演出极多，他就有了接触戏剧的环境。他第一次看的京剧是在天津的下天仙茶园，看大轴杨小楼的《金钱豹》。“亮相扔叉，威风凛凛”，给他留下了极深的印象，从此，天津的茶园没有他不去的，且看起戏来常常乐而忘返。张伯驹所记的端午观剧的剧场有着天津最先进的设备，乡间还不曾有的电灯把剧场照得雪亮；演员的服装非常鲜艳漂亮，更不是乡下的剧场所能相比的。这以后，张伯驹陆续在天津、北平看了不少名角的演出，包括孙菊仙、谭鑫培、刘鸿声、白文奎，还有“小小余三胜”时代的余叔岩。另外，武丑张黑、武旦九阵风、刚出科的青衣尚小云等，他也是看过的。据说他也看过其他地方戏。

不过，那时张伯驹年纪还小，还不能透彻地欣赏他所看过的戏，所以，他曾说过：“余十一岁时……偶过文明茶园，见门口黄纸大书‘谭’字，时昼场已将终，乃买票入园，正值谭鑫培演《南阳关》，朱粲方上场，余甚欣赏其脸谱扮相，而竟不知谁是谭鑫培也。”他还说：“当时谭、刘、孙齐名，但余在童时尚不懂戏，孰为高下，则不知也。”

张伯驹那时对戏剧虽不能深入理解，但天性的喜好却使他学会了一些演员的唱法唱段，例如，他学会了孙菊仙的唱法，他说：“余七岁，曾在下天仙观其演《朱砂痣》，当时即能学唱‘借灯光’一段，至今其唱法尚能记忆。”他还喜欢上了山西梆子老生元元红的演唱，在《红毹纪梦诗注》中曾说：“元元红山西梆子老生唱法，人谓其韵味醇厚，如杏花村之酒……余曾观其演《辕门斩子》，其神情作风，必极精彩。惜在八九岁时，不能领会。惟尚记对八贤王一段唱词如下：‘戴乌纱好似愁人的帽，穿蟒袍好似坐了监牢。蹬朝靴好似绊马索，这玉带好一似捆人的绳，不做官来不受困，食王的爵禄当报王的恩’。”

年仅八九岁的张伯驹自然无法领会这段唱词的含义，但这段唱词却似乎暗示了张伯驹虽长于官宦人家，最终还是选择了“不做官来不受困”的远离官场的人生道路。

总之，幼年时戏剧的熏陶对张伯驹成为一个著名的票友和戏剧家的影响是很大的，使他对中国的戏曲艺术有了逐步深入的认识。就在这以看戏为无上乐趣的岁月里，张伯驹渐渐走上了戏剧实践和戏剧研究的道路。

梨园绝唱

关于张伯驹是如何认识余叔岩并如何拜他为师的，社会上有着不同的说法。张伯驹少年时就看过余叔岩的戏，留下很深的印象，24 岁时在北平再看余叔岩的戏就开始入了迷，从此开始学他的唱法并经常去看他的演出。那时为余叔岩操琴的琴师是李佩卿，佩卿初唱旦角后改文场，他是张伯驹学余派戏的第一位老师，张伯驹请李佩卿说余叔岩的戏。后来在一次堂会上，张伯驹第一次接触余叔岩，二人一见如故。余叔岩知道张伯驹的家世，听说他由李佩卿说戏，引为知音，当时就对张伯驹说："你要学什么戏，我给你说。"第二天张伯驹就到余叔岩家去了，从此他成了余家的座上客，开始向余叔岩学戏。

另一种说法是袁世凯的二公子袁克文当时已是知名的京剧票友，并和余叔岩相当熟悉。而张伯驹与袁克文是表兄弟，因此，张伯驹通过袁克文得以结识了余叔岩，于是张伯驹正式拜余叔岩为师，其时，张伯驹 31 岁。

那么，张伯驹为什么这么热心拜余叔岩为师，余叔岩又有着怎样的名声呢？我们就介绍一下余叔岩吧！

余叔岩（1890—1943），字第祺，祖籍湖北罗田，出身梨园世家，祖父余三胜、父亲余紫云都是红极一时的名演员，因此自幼得其家传。幼年时跟从吴联奎学京剧老生戏，用过"小小余三胜"艺名，后改用余叔岩名。年轻时做过袁世凯总统府的内卫副官，后拜于名须生谭鑫培门下。但并未得到谭鑫培的刻意栽培，而是暗中偷学得到谭鑫培的真本领，一举成名。谭氏以后，余叔岩声名鹊起，自成一派，创立了余派，与杨小楼、梅兰芳在当时京剧界鼎立成三。1928 年后由于身体多病，除义演、堂会戏外，不再演营业戏。

余叔岩舞台生涯时间虽然不长，但他在京剧老生界留下了久远的影响，10 年间所演的剧目之中很多成为后学的典范。每一个剧目一经演出，便出神入化，即便是普通戏，一经其润色便能离世异俗。《搜孤救孤》《法场换子》

等戏经他演出，便成了传世之作，他与梅兰芳合作的《游龙戏凤》《打渔杀家》更成为旷代绝唱。他与梅兰芳、杨小楼等人的合作，对京剧艺术的发展起着重要的典范作用。

张伯驹拜余叔岩为师之后，学习是十分认真刻苦的，余叔岩也是真心实意地教他，毫无保留。讲到这里，人们不禁要问，当年余叔岩花了大钱，托了人情，拜谭鑫培为师，只学了一出《太平桥》和一出《失街亭》。而后来被称为余派传人的孟小冬、李少春拜余叔岩之后，也不过学到几出戏而已，何以余叔岩对张伯驹如此无私，倾囊相授呢？这里当然有两个原因。张伯驹是盐业银行的大股东，余叔岩把自己的钱就存在盐业银行，可得厚利，也无后顾之忧。同时，余叔岩也知道，张伯驹学戏并不是为着当演员，下海挣钱，完全是一种爱好，所以把自己的真功夫悉数教给了张伯驹。

每天晚饭后，张伯驹就到余府，余家客厅“范秀轩”已是高朋满座。张伯驹性喜恬静，既不与人交谈，也不和在座的打招呼，只是坐在墙角或躺在余叔岩的烟铺上作闭目养神状，像徐庶进曹营一言不发，因此有人叫他“张大怪”。

此时，与其说张伯驹是学戏，不如说他在听戏。除别人的谈笑之外，他听进去的是余叔岩的吊嗓和说戏。耳濡目染，可以说长期的熏陶比直接学的还多。

余叔岩过足烟瘾时，时间已经很晚了，不少人已经散去，师徒俩才一前一后来到后院练功吊嗓。张伯驹常常是凌晨三四点才回家，正如他在《红毹纪梦诗注》中所说：“归来已是晓钟敲，似负香衾事早朝。”时间一久，张伯驹和余叔岩竟然成了“不以利害相交的朋友，情趣相投的知己”。一个是倾情相授，一个是刻苦学习。张伯驹下的功夫很深，吊嗓子、打把子、文武昆乱，无所不学，除请余叔岩直接指点之外，他也效法余叔岩的学戏方法，从余叔岩的配角钱金福、王长林那里掏换玩意儿，后来索性请他们二人长年住在家里，以备随时练功、讨教。

余叔岩教他的开蒙戏是《乌盆记》（又名《奇冤报》），经过日复一日的勤学苦练，首演大获成功，这更增强了张伯驹学戏的信心。

余叔岩接着教他的第二出戏是《战樊城》。练就起霸、打把子、走快步等基本功。为了使张伯驹学得精到,余叔岩特意演出此二剧于开明戏院,每个星期六和星期日各演一出。友人有不知此中奥妙者,劝其改演他戏,余叔岩不答应,仍坚持第一日演《战樊城》,第二日演《奇冤报》。后来回忆起这一事情时,张伯驹就感叹地说道:“专为予看,甚可感也。”张伯驹向余叔岩学的第三出戏是《阳平关》,这是出靠背戏。披蟒、扎靠、趟马、起打、舞大刀等。在国剧学会传习所开学典礼时,他同姜妙香还演出过这出戏。

余叔岩教他《奇冤报》时,从台步学起,接着是搓步、揉眼、甩髯口、滚桌子、前扑后跌等身段。然后是专重唱功,并在吐字、发音、腔调转折、顿挫上学到很多妙处。有一次他随余叔岩到天津剧院演戏,从北平到天津,一路上余叔岩向他说《奇冤报》反调。二人回京后,仍不停地排练。余叔岩抓紧时间向他示范,他则一丝不苟地学习。后来张伯驹在游历南阳时,竟考察孙菊仙在《奇冤报》中的唱词为什么与谭鑫培的唱词不同,足见他学戏的认真态度。

张伯驹学戏的见缝插针精神,无人能比。他和余叔岩形影不离,余叔岩去哪儿,他陪到哪儿。他向余叔岩学戏近40出,比余叔岩的亲传弟子学的还多出几倍,足以证明张、余的深厚友谊和张伯驹对京剧的热爱程度。

张伯驹不仅学戏,更勇于实践,热心于舞台表演。张伯驹演戏多为堂会戏。梅兰芳、尚小云、程砚秋、荀慧生四大名旦及裘桂仙、郝寿臣、侯喜瑞、杨小楼、郭春山、萧长华、姜妙香都曾与他合作,留下了梨园佳话。

其实,张伯驹的嗓音条件并不好。云遮月,这是对老生的圆润而较含蓄的嗓音的一种比喻。这种嗓音,开始听来似觉干涩,以后愈唱愈觉嘹亮动听,使人感到意味醇厚,潜力无穷,是长期锻炼而形成的一种优美音质。谭鑫培、余叔岩的嗓音都属于这一类型。张伯驹的嗓音虽然近似余叔岩,但发出来的声音穿透力不够,往往只有前面几排能听得清楚,后面的人只能听个大概了,所以大家取笑他为“电影张”——因为那时的电影都是无声的“默片”。这不是靠后天的努力就能唱得响亮的,而是和遗传天赋分不开的。这一点张伯驹要稍逊一些。但是,戏剧行话有“千斤念白四两唱”之说,张伯驹的念白相对弥补了唱功的欠缺,念起来抑扬顿挫,口白清晰,别有情韵。

张伯驹演戏极其认真，连行头都准备得丝毫不差。比如有一回演《连营寨》，一般演员怕演扑火身段损坏箭衣，就穿白素箭衣。而张伯驹却特制了一袭白绣金龙箭衣，以示他对此剧的重视。

张伯驹常为自己的舞台实践创造机会，如在自己家办堂会或到戏园子彩串。张伯驹的票戏生涯中，曾引起京城轰动最大的一次演出，是为他四十大寿办的一场堂会，这一次堂会，可谓中国现代京剧史上一个大事件，也是一件十分有趣、幽默的事，所以，我们在这里详细地讲一讲。

1937 年正月，正逢他 40 岁，打算大办一场堂会，一为做寿，一为过把戏瘾。河南旱灾于去岁发生，于是就以演戏赈灾募捐为名，定在北平隆福寺街的福全馆办庆寿堂会。

筹备庆寿堂会过程中，张伯驹的一群朋友忽发奇想，想邀请余叔岩为他的徒弟张伯驹配戏，彩排一次。张伯驹自然求之不得，可又不愿意开口，于是由别人出面在一次宴席上提出请余叔岩在《空城计》里，为张伯驹配一个王平。

余叔岩为张伯驹说戏，并没有陪他同台演出的意思，更何况要当配角呢？可又不好当面驳人家的面子，只好指着在座的杨小楼说："只要杨老板同意来个马谡，我这里没问题。"其实，余叔岩知道杨小楼不会唱马谡，所以故意借杨小楼之口来拒绝。谁知，杨小楼虽是武生，却最愿意唱文角，这马谡虽然是个架子花（副净，又称架子花脸，以工架念白做功、造型表演为主），可不折不扣是个文派人物，在张伯驹朋友的怂恿下，他居然答应了。这一下，余叔岩就无法推托了，只得答应出场。

余叔岩、杨小楼答应后，张伯驹又趁机邀请了王凤卿扮赵云，程继先扮马岱。于是，这场堂会终于在隆福寺街的福全馆开演了。

20 世纪 80 年代末，朱家溍在《燕都》杂志上发表的《余叔岩的一组珍贵舞台剧照》中写道："这场戏是老友张伯驹先生家中的堂会戏。虽说是堂会的性质，但并非庆寿或办喜事，而是为河南赈灾，请客听戏，希望到场的人士尽力捐助。开戏前伯驹登台讲话，详细介绍了河南灾情。他以河南人的立场，向社会名流和亲友提出请求，但并未让来宾当场交款，而是从即日起，愿捐助的不拘数目交盐业银行代收。"这场堂会戏大轴为《空城计》，张伯驹饰主角诸葛亮，配角是一色的大腕，除余叔岩饰王平，杨小楼饰马谡，王凤卿饰赵云，程继先饰马岱以外，陈香雪饰司马懿，杨宝森饰张郃。

这些人都是戏剧界中出类拔萃的人物，而同在一台同在一戏内充配角，真可算是票友界中的豪举，史无前例。

消息一传出，轰动九城。北方的张氏好友纷纷送礼拜寿，远在津沪的戏迷也专程来北平，都为的是听这出戏。这一天，福全馆中，人山人海，盛况空前。

内行的人都知道张伯驹嗓音不行，大家的注意力全都集中在这些名重一时的名角硬配上面。不过，因为他是今天的寿星，没有他哪有这场好戏看呀！于是，张伯驹一出场，大家也都鼓起掌。余叔岩、杨小楼、王凤卿、程继先等四人在"起霸"的一场中也是各逞其长，互不相让，精彩纷呈，令人目不暇接，叹为观止。《空城计》圆满唱完。这出喧宾夺主、空前绝后的大场面，使张伯驹驰名全国，出了"票戏天下第一"的风头。张伯驹也说，这场演出"一时轰动九城，传为美谈，与名伶同台，一般人固不敢当，而我自知不如，却胆大超人，故友人章士钊曾与我开玩笑，作打油曰：'坐在头排看空城，不知守城是何人'"。继而，演出的剧照、消息、评论遍载北平、天津、上海等地的戏剧画报。一小报载："此曲只应天上有，人间哪得几回闻。"

对这次轰动京城的演出，张伯驹在《红毹纪梦诗注》中，也写有一首诗：

羽扇纶巾饰卧龙，帐前四将镇威风。
惊人一曲空城计，直到高天尺五峰。

张伯驹出演最为频繁的时段还是1942—1944年居住西安期间，特别是1944年。西北公路局局长何竟武约他们夫妇游兰州。外地人居兰州皆好戏剧。西北公路局、西北盐务局、兰州市政府皆有票房组织，并备有剧场。张伯驹于西北大厦演出八场，有《问樵闹府》《打棍出箱》《打渔杀家》《战太平》《汾河湾》《定军山》《阳平关》《审头刺汤》《战宛城》；于西北盐务局演出《托兆碰碑》《游龙戏凤》；于西北公路局演出《天雷报》等。

1952年，张伯驹还出演过《阳平关》，饰演黄忠；1963年在长春出演过

《游龙戏凤》,饰演正德帝;1980年,张伯驹已年逾八十,仍出演《打渔杀家》,饰萧恩,其扮相之利落矫健,仍不逊于当年。

张伯驹的戏剧实践,虽是票友身份,但仍然是有很大意义的。因为中国戏剧的传承,在很大程度上是靠一代又一代的演员言传身教的,张伯驹学到了余叔岩许多不轻易授人的舞台艺术,又毫无保留地将这些艺术传授给青年演员,这对于京剧舞台艺术的传承,特别是对余派艺术的传承,是起到一定作用的。而他写的《红毹纪梦诗注》一书,对诸多京剧戏目的身段、唱法都有详细的记录和说明,是京剧艺术的宝贵资料。

张伯驹虽是戏剧票友,但票友与专业艺人之间常存在着一种微妙复杂的关系,票友并非简单痴迷戏剧。票友依赖着专业艺人而存在,但票友的欣赏趣味与观念又影响着专业演员的艺术选择,甚至在一定程度上能够左右戏剧演员的表演,使其吸收对戏剧发展有益的部分。张伯驹正是这样,他的戏剧实践就潜移默化地给当时的京剧表演注入了一种文人的气韵和丰厚的传统文化知识与文化精神,特别是在张伯驹与余叔岩的关系上,我们就可以看到"名票"对流派艺术与文化精神上的多方面影响。

戏剧研究

张伯驹是著名的京剧票友,这一点是大家都熟悉的,而且其在戏剧表演上的种种故事,大家也都如数家珍,但说到张伯驹同时还是对京剧发展作出过重大贡献的研究家,恐怕就有人感到惊讶了。而这一点,正是应该引起我们重视和深入研究的。

张伯驹对戏剧艺术的贡献,我认为主要体现在以下几个方面:

一是张伯驹对戏剧本质与作用的认识。

20世纪30年代初,张伯驹发表了一篇文章《佛学与戏剧》。这篇文章最充分、最深刻地说明了张伯驹对戏剧本质与作用的认识。

戏剧是生活的镜子,这是大家都认可的一个常识、一个共识。但戏剧并不仅仅停留在单纯地反映生活的原貌上,它是要通过反映历史的或现实的

1963年,张伯驹与梁小鸾(左)在长春演出《游龙戏凤》,张伯驹饰正德帝,梁小鸾饰李凤姐,张伯驹时任吉林省博物馆第一副馆长,梁小鸾时任吉林省京剧院副院长。余叔岩曾亲自为张伯驹说此戏。

生活，对人们起到教化作用。这种作用是怎么起到的呢？张伯驹通过戏剧与佛学的对比，认为戏剧的本质与佛学是一样的，但与佛学的教育方法是不同的，戏剧与佛学恰好具有鲜明的可比性与对比性，是一种非常有意思的异曲同工的现象。

张伯驹认为，佛学的精神是积极入世的，佛学的真义在于慈悲，教人向善，佛学倡导人们不为自己求安乐，但愿众生皆离苦的精神。这就是佛学积极入世精神的最高表现。而戏剧呢？张伯驹认为，中国戏剧也是批判丑恶、揭露丑恶，倡导美德、歌颂美德，从而教人向善的。但佛学与戏剧教化的路径却大不相同，正好是对立的、相反的，好像是互相排斥的，但其结果是一致的。

> 他说："依予研究结果，佛学与戏剧，同是彻底解剖人生，以为积极维持人生永远安宁之工作。佛学以真我置于旁观地位，而以假我为一切化身，以解剖人生。戏剧则忘其假我，以真我为一切化身，以解剖人生。一为写意，一为写实，一为由原质而生方法，一为由方法而反求原质；一为高深而趋浅近，一由浅近而入高深，取法不同，归宿则一也。"

这个对比深刻地揭示了戏剧的本质，说透了戏剧这一艺术的特色。康凯先生在《浅谈张伯驹先生的戏曲研究》一文中说："戏剧和哲学都是彻底解决人生的意义问题，但是，哲学从抽象到具体，戏剧从具体到抽象。这和西方的主流戏剧思想并无大的差异。可见，张伯驹先生对于戏剧确有深入的认识。"

这种认识揭示了戏剧的本质，戏剧就是戏剧家将真实人生的矛盾冲突用舞台艺术的形象表现出来，来回答人类共同关心的道德、伦理、人生等方面的重大课题，以至影响观众的人格。

二是张伯驹提出了戏剧的"神韵"之说。

张伯驹还拿戏剧的艺术特性与其他艺术形式例如诗词作了比较与分析，他认为戏剧与诗词的艺术，最具有灵魂共性的是"神韵"。诗词艺术具有神韵，戏剧艺术也具有神韵，这种神韵是共通的。这个问题比较抽象、高深，我们在这里就不作深入探讨了。

三是张伯驹积极组织京剧的学术团体与戏剧刊物的创办，以不断积累的研究成果，切实推动京剧演出与理论的发展。这在京剧发展史上是具有首创意义的贡献。

20 世纪 20 年代以后，京剧从内容到形式都发生了许多重大变革，表演技艺愈加丰富和完善，各行当流派纷呈，争奇斗艳，京剧的艺术创作、人才培养、理论研究等方面都有很大的发展，到抗日战争前达到了鼎盛时期，并且开始走向世界，引起了广泛的关注。

1930 年年初，李石曾以法国退回的庚子赔款创办中华戏曲音乐院，内设北平戏曲分院，院务委员会主任是银行家冯耿光，委员有梅兰芳、余叔岩、李石曾、齐如山、王绍贤、张伯驹等人。

梅兰芳的友人还力促张伯驹约同梅兰芳、余叔岩等发起组织北平国剧学会。张伯驹欣然答应，他联合梅兰芳、杨小楼、钱金福、余叔岩、徐兰沅等人发起组织北平国剧学会。他召集银行界同仁，募得捐款 5 万元作基金，学会于 1931 年 11 月在虎坊桥正式成立。学会不仅培训学员，而且进行研究，并出版了《剧学月刊》《戏剧丛刊》《国剧画报》《戏曲大词典》等刊物。

其中最具影响的杂志是《戏剧丛刊》(1932—1935)和《国剧画报》(1932—1933)。张伯驹、齐如山、傅惜华等是该刊物的主要撰稿人。在《戏剧丛刊》上，张伯驹发表了他与魏铁珊合著的《乱弹音韵辑要》，还单独署名发表了《宋词韵与京剧韵》《戏剧之革命》，以及前边已提到的《佛学与戏剧》等文章。张伯驹还有两篇文章值得重视与研究，一篇是《京剧源流探讨》，这篇文章较早梳理了京剧起源及历史；另一篇文章研究《空城计》，采用综合分析的方法，从地理、局势、身段、性格、打法、脸谱等方面综合地探讨《空城计》剧本。

《国剧画报》以刊登有研究价值的戏曲文献资料图片为主，附以戏曲评论文章。

通过这些杂志，可以看出当时京剧评论与宣传的繁荣发展，20 世纪以来的京剧杂志与报纸，在其发展过程中，培育出了一批既懂理论又有实践经验的京剧理论家，张伯驹就是其中的一个。

四是张伯驹首创了京剧音韵学。

张伯驹这一时期还与余叔岩研究京剧音韵学，合写了《乱弹音韵》一书。可以说，这是中国第一部关于京剧音韵的论著。他们创立了一门新的学科，为汉语音韵学增加了一个新的分支。他们把京剧唱念的音韵，包括十三辙、四声、尖团、上口等京剧的"梨园家法"加以理论化、条理化和美化，成了演员提高演技、安排唱腔中所遵循的不可或缺的法则。

后来，张伯驹曾对其进行增订，最后以《京剧音韵》为书名，用线装本非正式出版，在京剧界和票界流传。

后来的学者无不尊奉余叔岩和张伯驹为"京剧音韵理论的首创者和奠基人"。

在张伯驹和余叔岩相交的过程中，余叔岩也从张伯驹精湛丰厚的诗词学养中吸收了许多宝贵的东西。著名学者、书法家欧阳中石曾在《红毹纪梦诗注·序》中说："余叔岩先生之艺术为一代泰斗，成一时之法绳，有其种种条件自不待言，而多年与伯老相交甚厚，恐亦不无影响……"

五是张伯驹提出了"名角"作用与意义的问题。

关于戏剧中"名角"的作用；关于京剧流派的特点等，张伯驹都有其独到的观点，为戏剧界所折服，这里，我们就不多讲了。

六是《红毹纪梦诗注》的写作与发表。

张伯驹对京剧艺术的传承和京剧史的研究还有一个独特的贡献，就是《红毹纪梦诗注》的写作与出版。所谓"毹"，为"氍毹"之简称，意为毛织的地毯。所以用"氍毹"或"红毹"借指舞台演出。张伯驹《红毹纪梦诗注》就是一本关于京剧的著作。这本书写于 1974 年，张伯驹回忆自己自 7 岁以来所观乱弹昆曲和其他地方戏，以及自己所演之昆乱戏，写下了七绝 177 首，又补注绝句 22 首。全书分三部分：第一部分为自 7 岁起所观昆乱演员及各地方戏演剧，第二部分为所观票友戏，第三部分为个人所学及所演之戏。这部书可谓从看戏、学戏，到演戏、论戏、论剧坛掌故、剧人动态，兼及社会风貌，每首诗后都附有或详或简的注释。诗明白晓畅，文字也清新有趣，不但是一部优美的诗集，而且为戏剧界留下了极其珍贵的史料。著名戏剧家吴祖光曾评价这部书是"一部京剧史"。翁偶虹也曾高度评价这部书,他说:"张伯驹大有为戏剧而甘于牺牲的强项精神,他就是以这样精神把平生所见、所闻、所学、所演的京剧艺术,纪之以诗,托之于梦,完成一部艺、史、诗综合欣赏的好书。"简贵灯也对这本书的史料价值作出了高度评价,这部书"可以说建构了这一时期梨园艺人活动全景图……为我们了解清末至民国这段时期戏曲艺人演艺活动提供了重要的第一手材料"。康凯更是认为,"他详细记录的身段、唱法,是余派艺术的宝贵资料……随着更多的失传剧目重现舞台,我们可以这样说,张伯驹先生的戏曲研究除了文献价值,还将具有超过预期的现实意义"。著名学者、国学大师冯其庸也说:"张伯驹一生的功绩中,振兴京剧,他是有卓越贡献的。"

七是张伯驹对京剧艺术毫无保留的言传身教。

张伯驹对于戏剧的贡献,还有一点应该说及的是他的无私传授。大家知道,出于友情,余叔岩把自己平生的演技绝艺,大都传给了张伯驹,可是张伯驹并不以此为私人所有,又毫不保留地传给了同道和后人。这是在演艺界极不容易做到的,因为演艺界有一句俗语,说是"教会了徒弟,饿死了师傅",意思是徒弟得到了真传,就抢了师傅的饭碗。但张伯驹没有这样的思想,例如,在培养青年演员张文涓成为余派传人的事情上,可以说张伯驹功不可没。

张文涓因年龄的关系,未能赶上拜余叔岩为师,非常遗憾,当时她会的余派戏,是全靠余叔岩生前留下的十八张半唱片而学。即将成名之前,"文化大革命"爆发,传统戏曲被打入冷宫,张文涓所学无法施展。"文革"过后,沉默了10年的张文涓焕发了艺术青春,在上海舞台上重演余派剧目,观者如潮。可是张文涓仍然为自己未得余叔岩真传而不安。

偏巧张伯驹来到上海,观看了张文涓的演出,大为赞赏,认为她是当今最好的余派传人。遂主动写信给张文涓以表鼓励,并表示愿意把自己所会的余派戏传授给她。张文涓读后喜出望外,大受鼓舞,能得到这绝好的机会,真是太幸运了,于是她专程从上海赶到北京,拜张伯驹为师。

张伯驹对张文涓尽心指点,毫无保留地把余派艺术真谛一一传授给她,前后教她20多出余派名剧,并全部录了音。张文涓得到名师指点,虚心学习，艺业大进，成为继孟小冬之后独领风骚的余派女老生。

张文涓也多年如一日，以弟子的礼节对恩师张伯驹毕恭毕敬。1982 年 2 月，张伯驹逝世，张文涓立刻赶到北京祭奠，尽了弟子之孝。20 世纪 90 年代，张文涓赴美定居，余派戏一时成为绝响。

第六讲

法书丹青成双碧

张伯驹是我国现当代文化史上一位具有独特风格、举足轻重的文化收藏家、书画家。他的书法和绘画风格堪称一绝，是中国书法和绘画领域中的一笔宝贵财富、他生前曾担任过中国书法家协会名誉理事、北京书法研究社副主席、北京中国画研究会名誉会长。

张伯驹一生都与书画为伴，虽能书善画却并不以此谋生，常常将得意的书画作品相赠与友人。 刘海粟先生对张伯驹书法评价很高，说张伯驹“运笔如春蚕吐丝，笔笔中锋，夺人视线，温婉持重，飘逸酣畅，兼而有之，无浮躁藻饰之气，目前书坛，无人继之。”

这一讲主要是讲张伯驹的书法与绘画。

"春蚕吐丝"

张伯驹晚年书法的特点,人们称之为"鸟羽体"。至今,这个"鸟羽体"名词好像仍然是专为张伯驹一人"打造"的,我们所能看到的"鸟羽体"书法,的确都是张伯驹书写的,其他人如有,也都是有意模仿张伯驹的,但似还没有人说自己的字就是"鸟羽体"的。

张伯驹的字,早年并不是"鸟羽体",他是有一个转变过程的。

书法是一门艺术。在讲张伯驹书法之前,我们就先讲一下中国的书法。

书法是中国特有的艺术,中国书法的历史和中国文字使用的历史一样悠久。自从甲骨文发明以来,中国书法的字体经历了由篆书到隶书、草书、楷书、行书的发展阶段。每个阶段都产生了数量众多的书法家和书法作品。这些书法家和书法作品构成了中国书法的深厚传统。中国书法在古代已经是一门成熟的艺术,有丰富、完整、一脉相承的理论体系。

中国书法的艺术体现在什么地方呢?那就是书法涵盖了各种文学艺术的因素,与中国其他文化艺术,例如绘画、音乐、舞蹈等,都有共通的特质,尤其是书法也具有委婉和豪放的风格。汉字是一门点线艺术,具有力度的竖画,具有劲健感的横画,具有潇洒感的撇画,具有舒展感的捺画,具有坚毅感的方画,具有流媚感的圆画,各展其姿,进而成势,表现为"骨力"。墨色的淋漓挥洒,则积蓄着"韵",表现出"气",透过骨势、气韵的流动变化,写出作者的情感波动、节律,以及个性的阴阳刚柔。所以,中国西汉思想家扬雄说:"言,心声也,书,心画也,声画形,君子小人见矣。"因此,书法成为历代英雄豪杰、文人雅士的爱好。

那么,张伯驹的书法艺术是怎样形成的,又有着怎样的特点与价值呢?

据张伯驹自己说,他初学也是学习王右军的《十七帖》,因为《十七帖》已成为历代书法家学习草书的范本。这《十七帖》就是书圣王羲之的草书代表作,其实就是一部书信集。在古代,帖就是书信的别称。唐宋以后,《十七帖》一直被当作学习草书的最佳范本。初开始,张伯驹对《十七帖》也是痴迷的，越看越觉得《十七帖》笔力雄健，法度严谨，于是，挥笔模仿，日不间断，数年之后，其书法也确实有了功力，行笔刚劲洒脱，具有明显的王羲之书法风格。

40 岁以后，张伯驹开始学习钟太傅的楷书。钟太傅即钟繇，三国时魏国人，擅长隶、楷、行三体书，以楷书影响最大。张伯驹曾习传世刻帖《贺克捷表》，为八分楷书。此帖在张伯驹看来，书写自然，风格古朴，茂密幽深，但张伯驹学习钟体数年，仍然长进不大。不过，他逐渐悟出了一个道理，他学王体、钟体，已极其酷似，并且也有功力，唯一欠缺的是神韵，皆因师古而不化所至。

1940 年，张伯驹又得到了宋代名臣兼书法家蔡襄（君谟）的《自书诗》册。可以说，得到《自书诗》册，成了张伯驹书法发展变化的分水岭。说到《自书诗》册的传承收藏，还有一段故事。《自书诗》册原藏于清代皇宫。民国后，被宫中太监盗卖给地安门“品古斋”古玩铺，古玩铺掌柜又将此帖以 5000 块银元卖给朱家溍的父亲朱文钧。朱文钧父子也都不是普通百姓，朱文钧曾在牛津大学留学，毕业后回国，在财政部任职，后脱离政界。朱文钧还是宋代理学家朱熹的第 24 代孙。朱文钧也爱书画，并酷爱金石，名重一时，故宫博物院成立之初，即被聘为专门委员会委员。其子朱家溍也是文物专家，又是明清史及戏曲研究专家。

1940 年，朱家溍的祖母逝世，因办理丧事急等用钱，《自书诗》册便由朱家委托傅增湘以 3.5 万元的价格转让给张伯驹。不过，张伯驹在《春游琐谈》中对价格的记述略有出入，说是以 4.5 万元买下此帖（见《三联生活周刊》2018 年第 15 期）。

在这里，还是多说几句蔡襄吧。蔡襄，北宋著名书法家，福建仙游人。一提到北宋书法家，一般是指“苏黄米蔡”了，“苏黄米蔡”最初是指苏东坡、黄庭坚、米芾和蔡京。但蔡京是个大奸臣，后人就把蔡京换成他的堂兄蔡襄了。其实蔡京和蔡襄的书法都很好，蔡京一开始就是临摹堂兄蔡襄的书体，蔡襄为人忠厚、正直，人品和官望都远在蔡京之上。

蔡襄的书法也是学习王羲之，浑厚端庄，婉约淳淡。蔡襄书法，无意求工，书写自作之诗，更是无拘无束，反而在无意之中把王羲之书法的神韵表现得淋漓尽致，成了蔡襄书法的代表作。张伯驹逐步悟出了蔡襄书法的精髓，也渐渐找到了学习王羲之书法的要领，他在习书日记中写道：“观此册，始知忠惠（即蔡襄），为师右军而化之，余乃师古而不化者也。”“盖取其貌必先取其神，不求其似而便有似处；取其貌不取其神，求其似而终不能似。”

张伯驹由于深受蔡襄《自书诗》册恬淡清雅的影响，其书法在晚年终于进入了妙境，形成了在中国书法界独一无二的特色——“鸟羽体”。

对张伯驹的书法，人们普遍认为其书法线条笔画似乎有一种飘逸的动感，如羽飞燕舞、清妍秀美、婀娜多姿。看过张伯驹书法的人们，也多以为其书法姿态优美、独具风貌，认为张伯驹是个很有鲜明个性的书法家。刘海粟的评价很有代表性，他说，张伯驹“运笔如春蚕吐丝，笔笔中锋，夺人视线，温婉持重，飘逸酣畅，兼而有之，无浮躁藻饰之气。目前书坛，无人继之”。刘叶秋也在《张伯驹先生绿梅书画扇》一文中评价张伯驹的书法：“书兼行草，圆劲挺秀，卓然大家风范，与画可称双璧，殊足珍贵。”

的确，张伯驹的字既有鸟飞的形似，又有鸟飞的神韵。鸟的飞翔的确是一种美的形态，是人们的向往，那种随心的飘飞，振翅的昂扬，流线型的滑翔，姿态千变万化皆是美。张伯驹书法的线条看上去确如鸟在飞翔，同时，透过这种形态的飘逸之美，我们也感到了张伯驹书法中自有一种鸟飞的艺术神韵蕴含其中，似乎呼之欲出。有人认为，张伯驹书法艺术的独特成就，源自先生的人品、学识、修养，非只“鸟羽”之貌，也是旁人不易模仿的奥秘。

由张伯驹书法“神韵”之说，我联想到张伯驹在论述戏剧表演艺术时，也是主张“神韵”的。张伯驹认为，戏曲艺术和其他传统艺术具有内在的相通之处，它们具有相同的衡量标准。标准中最高的就是“神韵”。那么，什么是“神韵”呢？我以为就是意境。意境是指抒情性作品中呈现的那种情景交融、虚实相生，活跃着生命律动的韵味无穷的诗意空间。以此去理解张伯驹诗词、戏剧、书法中的“神韵”，我们就更深切地理解张伯驹书法所蕴含的丰富内涵。这种“神韵”就是那种脱俗、清淡、空远的高深境界，能让观者感到一种超然于世俗之外的审美情怀。张伯驹精诗词、懂鉴赏，又好戏剧，并善于融会贯通，于是，张伯驹的书法中，也就显示了这种艺术的共性“神韵”。

至于张伯驹书法“神韵”的来源，除来自他的人品、学识、修养以外，张孝玉在《烟云过眼寓于胸——张伯驹书法》一文中认为，也源自他作为一个书画收藏家的极具艺术价值的藏品。张孝玉说:“对于一个古书画鉴藏家而言,他学习书法的重要参考材料,则必然是自己的藏品,或是曾经寓目过的作品,这其中既有取阅方便的因素,更重要的是,文人对于自己书风的选择,很大程度上也是自己对于书法艺术的审美取向的反映,以鉴藏家而论,文人型书画鉴藏家的书画风格,大部分是和他们自己心爱的藏品风格近似的。”书画界有一种共识,也可以说是常识,即书法要多看名作,多临古人名家之墨迹,这样,才能提高自己的眼光,进步更快。

对于张伯驹来说,他所收藏的历代书法珍品,可说是非常齐全的,他能直接临习自藏的名家大师原作,这也是其他书法家很难做到的,加上张伯驹的天赋和悟性,自然能够影响他的书法艺术,提高他的艺术水平。

当然,对于张伯驹的书法,也有一些不同意见。有人认为就张伯驹书法线条的力度来看,则未免不足。古人形容书法的“奔雷坠石、飞鸟惊蛇”之类,即不仅在姿态上,更讲究的是线条的势态与质感。显然,张伯驹书法笔力不足。还有人认为,他的独创“鸟羽体”,书体上虽有新意,但还未达到炉火纯青的地步。

“楚泽留芳”

张伯驹不仅在书法上有精深的造诣,而且在绘画上也是独树一帜,堪称一绝。对此,刘海粟有非常精到的评语,他说:“张伯驹爱画梅兰竹菊。再用鸟羽体写上自己的诗词,别具一番风韵。”如果再用张伯驹书法的神韵来形容张伯驹的绘画,也是非常形象、准确的。

绘画是画家人格、精神内涵的外化,画家作画绝不是一般意义上对生活的直觉再现。中国画,尤其是文人画,总是将自身的心志、情趣,通过笔意墨韵显现在纸上,以“借画抒怀”。张伯驹这个书画家的特点还在于他通过自己丰富的书画藏品,从古人那里汲取营养,形成自己的独特风格,给人一种简约委婉、古秀清雅、淡泊趣高之感。

张伯驹特别爱画梅兰竹菊“四君子”和垂杨飞絮等。张伯驹的画风可说是典型的文人画。什么是文人画呢？青年学者、画家，研究张伯驹书画收藏很有见地的荣宏君先生，对此有一番说明，他说：

> 文人画多取材于山水、花鸟、梅兰竹菊等常见的自然景物，在创作过程中，作者逸笔草草，往往不求形似，借山水草木来抒发感情或表达自己的人生抱负。
>
> 文人画是一门综合性艺术，要求画家要集文学、书法甚至篆刻等多方面文化素养于一身……文人画发展到民国，画家陈师曾给文人画做出了一个更加准确的解读，他说："画中带有文人之性质，含有文人之趣味。不在画中考究艺术上下功夫，必须于画外看出许多文人之感想。"

陈师曾强调，文人画必须以画家自身所特有的文学性、思想性和抒情性为根本，才能够独树一帜，才能与工匠画和院体画区别开来。他还进一步指出，文人画必须具备四要素：人品、学问、思想和才情。只有具备这几点，才能成为一个优秀的文人画家。对照这四要素，不用说，张伯驹的画，不折不扣就是文人画。

张伯驹为什么最喜画梅兰竹菊呢？因为这"四君子"最能彰显文人的情操与人品，是历代文人墨客托物言志之物。张伯驹画作的风格多为简洁，淡逸雅致，耐人寻味。他笔下的红梅一枝，风骨卓然；垂杨飞絮，飘逸清远。

但他画得最多的还是兰。兰，亦称兰惠，享有"百草之长""花中君子"和"空谷佳人"的美誉。其香清幽，其色脱俗。孔子曾道："芝兰生于深谷，不以无人而不芳；君子修道立德，不因穷困而改节。"因而，"兰"被视为民族高尚情操的象征。

张伯驹笔下的兰草，自然寄托着自己的寓意和人品的追求。张伯驹不愧是画兰的高手，线条流畅生动，常常是寥寥几笔，设色雅致，便画出了兰草婉约宜人的风姿，柔美舒放，有超尘出世之趣，给人以幽邃高雅的纯净感。那种特有的风格是难以模仿的，笔意绵绵，气脉不断，一看便知是张伯驹的手笔，张伯驹又常在画作上题字"楚泽流芳"，更加彰显了清幽娴雅的意蕴、淡泊高洁的情怀，让人真切地有了气若幽兰的感悟。

张伯驹绘《楚泽流芳》。

张伯驹绘画的代表作品主要有《楚泽流芳》《墨兰》《垂杨飞絮》《大地皆春》《菊》《梅菊》《红梅图》《梅兰》《一枝初开》等。

当代著名学者、红学家冯其庸对张伯驹的绘画，主要是所画的兰、梅评价甚高，他说："至于张伯老的兰花，我认为上可以继承赵孟頫、文徵明，下可以并肩薛素素。他的梅花画法，也是另辟蹊径，与众不同。"

张伯驹除自己单画梅兰竹菊以外，也常和夫人潘素合绘一些花鸟、风景画作，例如，他曾和夫人潘素画了一幅《枫菊图》，颇为清雅。这幅画被他的朋友王世襄看到了，便写了一首诗赠给张伯驹：

银锭桥西宅不宽，黄花红叶耐霜寒。
分明自写双清影，寄与词人作画看。

这首诗不乏幽默的打趣成分，但从中也不难看出张伯驹的人品与画风。

还有一次是 1979 年 2 月，张伯驹夫妇和刘海粟合绘了一幅《芭蕉樱桃》，刘海粟绘芭蕉并题"流光容易把人抛，红了樱桃，绿了芭蕉"；张伯驹画了樱桃，并在左下角题写"伯驹自赏"几个字。这次合绘，成了刘海粟和张伯驹绘画艺事上的一段佳话和雅趣。

张伯驹和夫人潘素合绘的画作主要有《梅石图》《兰石图》，潘素画石，张伯驹画梅或者兰草，各呈其长，又互相配合，相得益彰，那峻拔的怪石旁一枝红梅或一丛兰草，真是刚中见柔，劲健中不乏高雅之趣。

张伯驹夫妇合绘的画作还有《岁朝图》，张伯驹画梅，潘素画竹子等。

在绘画方面，张伯驹夫妇和张大千还有一段"隔海补丹青"的故事在画坛上广为流传。

这段故事也要从 1979 年说起。这一年，港澳友好邀张伯驹前往香港举办画展。张伯驹夫妇听到这个消息，非常激动，国家有关方面鉴于张伯驹在海内外的影响，也希望他能够利用各种关系，多方开辟渠道，为完成国家统一大业多做工作。这当然也是张伯驹晚年最大的心愿。他首先想到了正在台北摩耶精舍居住的老朋友张大千。

张伯驹与张大千的最后一晤是 1948 年农历九月，谁知道这一去却是关山万里，两人从此失去了联系。如今，有了去香港的机会，也有了与张大千联系的机会，张伯驹自然不会放过，但当时海峡两岸仍然不通书信，怎么办呢？还是潘素想到了一个好主意，她想到最近常有香港的朋友来京，何不借此请友人捎给张大千两幅画呢？于是，张伯驹让潘素把新近才作的两幅《南国芭蕉图》带给张大千，他要请张大千在画上补笔，于是张伯驹给张大千写了一封信。

画与信写好后，恰逢香港的余先生来京，便委托这位旧友将书画带给张大千。

再说张大千接到张伯驹送来的书信和两幅画后，也是非常激动，不久，就在两幅芭蕉图上分别绘一只波斯猫、一个素装仕女。

这一段佳话，想来可载入我国的绘画史册而流传后世。

最后，我们总结一下张伯驹书法、绘画的特色。张伯驹的书法、绘画以其深厚的文学底蕴而形成一种书卷气浓郁超俗的风格，又以其收藏之富、眼界之高提升了他独特的书画艺术。很多人评论其书法、绘画，似乎有碑有帖，有宗有派，又似皆无，似古代某家又不似，最后只有说张伯驹本人才有这种风格，找不出第二人与其相似。不错，艺术的生命力就在于独创的个性，在于自辟蹊径，走出自己的道路。

第七讲 拱璧连城奉祖国

张伯驹的故事，在民间流传最广、最响亮、最活灵活现的，除他的婚姻爱情以外，莫过于他的收藏了，甚至可以说，他收藏的名声和故事超过了他的婚姻传奇，也掩盖了他在诗词、戏剧和书画方面的成就。一提起张伯驹，很多人首先想到的，就是他是一个大收藏家，在文化圈还很流行这样一句话：“为人不识张伯驹，踏遍故宫也枉然。”

为什么会是这样呢？主要有三个原因。其一，他所收藏的书画文物的艺术价值和经济价值，都是巨大的，每一件书画文物的价值都可以用“价值连城、国宝无价”去形容，更是故宫博物院的镇馆之宝；其二，他的收藏情怀和捐献义举堪称“前无古人、后无来者”；其三，他收藏文物，确实富有传奇性，比起他诗词、戏剧、书画故事，更易于口头流传。

百代高标，千秋丛碧

2018 年 2 月，是张伯驹 120 周年诞辰，文化和旅游部、故宫博物院、国家博物馆、中央文史研究馆、张伯驹潘素文化发展基金会联合或单独对张伯驹进行了隆重的纪念，从这些纪念活动中我们可以看到张伯驹的鉴赏和捐献对于国家和民族文化的巨大贡献，以及国家和民族对张伯驹捐献业绩的崇高评价。这是我们了解张伯驹的收藏应该首先了解的。

张伯驹是 1982 年 2 月逝世的，自他逝世以来的 30 多年间，纪念张伯驹的文章和书籍就从未间断过，但主要是以个人或单位的名义发表或推出的，而 2018 年对张伯驹的纪念已上升到了国家和全民族纪念的层面上了，在纪念张伯驹的规格、规模和深度上，都上升到了一个新的高度，这说明，张伯驹的收藏业绩和人格光辉愈益显示出其价值和魅力。

2018 年 4 月 2 日，首先由故宫博物院、国家博物馆、张伯驹潘素文化发展基金会、吉林省博物院共同举办了一个极具分量的展览："予所收蓄　永存吾土——张伯驹先生诞辰 120 周年纪念展"。展出了张伯驹捐献或转让给国家的国宝书画 33 件（套），都是在我国艺术史上占有独特地位的重要文物。这些珍品中包括晋朝陆机的《平复帖》，唐朝杜牧的《张好好诗》卷，宋朝范仲淹的《道服赞》卷、黄庭坚的《诸上座帖》等在内的 8 件古代书法精品，是 1956 年张伯驹夫妇捐献给国家的；隋朝展子虔的《游春图》、宋朝赵佶的《雪江归棹图》、明朝唐寅的《王蜀宫妓图》等，是张伯驹转让给国家的；唐朝李白的《上阳台帖》则是张伯驹赠与毛泽东，1958 年主席办公室又将其调拨给故宫博物院的。另外，故宫博物院还于 1959 年购买了张伯驹收藏的宋朝赵孟坚的《行书自书诗》。

在这次展览开展仪式上，时任故宫博物院院长单霁翔高度赞美张伯驹："我们至今怀念张伯驹先生，视其为楷模，不仅是对其在书画鉴藏方面成就的赞誉。他所代表的，是中国文人的博雅通脱，更是一种以弘扬中华文化为己任的使命感、无私奉献的精神和崇高的爱国情操。"

4月13日，《新华每日电讯》刊发了纪念张伯驹的长篇文稿。

5月7日，由文化和旅游部、中央文史研究馆、国家文物局共同主办的纪念张伯驹先生诞辰120周年座谈会，在北京人民大会堂召开。文化和旅游部部长雒树刚讲话。

5月30日，《人民日报》刊发《百代高标　千秋丛碧》的纪念文章。

2018年12月7日，清华大学艺术博物馆与吉林省文化和旅游厅联合举办"高山仰止——张伯驹潘素伉俪艺术文献展。"

这些纪念活动是张伯驹逝世30多年来社会影响最大的，充分说明张伯驹的文化成就和人格光辉已成为民族的精神和骄傲。

《平复帖》与《游春图》

张伯驹是怎样成为一个伟大收藏家的呢？人们认为，必须具备几个主客观因素：自身的兴趣和爱好、渊博的知识及辨伪识真的眼光，必要的经济基础、购藏的魄力，历史的机遇，等等。

有人把这几方面的因素概括为四个方面的条件：一是文化，二是财富，三是情怀，四是机遇，缺一不可。而张伯驹有一句话很有意思，他说："文物，有钱则可到手，若少眼力，可请人帮忙。"这句话里没有强调文化底蕴，或者说辨伪识真的眼光。这样的人可以不可以成为收藏家呢？可以的，但成不了一个伟大的收藏家。

张伯驹与其他收藏家的区别，就在于他是一个伟大的收藏家。

至于文化，那就不用说了，从以上几讲中，我们已了解张伯驹是一个文思敏捷、读书万卷，尤富词作天赋的文化大家。至于财富，可真不是凭主观愿望和努力就可以拥有的，但张伯驹很是幸运，他父亲开办的盐业银行，为其收藏奠定了雄厚的资金基础，如果没有这个基础，当他面对极想收藏的文物时也只能"望洋兴叹"了。至于情怀，张伯驹说过两句话，一是"烟云过眼"，一是"予所收蓄，永存吾土"。这两句话，高度概括了张伯驹的收藏情怀，是常人难以企及的，这一点暂时不予展开讲述。最后一个条件是历史机遇,这是千载难逢的,但被张伯驹遇上了,这就是溥仪盗运宫中书画及后来这些书画的被盗卖与流失。因此,在某种意义上也可以说,历史成就了张伯驹。

下面我们就讲一讲张伯驹的收藏概况。张伯驹一生收藏的文物很多,多达100件以上,是十分可观的,我们只能介绍一些他收藏的最为珍贵的文物中少量的几件,以窥大概。

张伯驹的文物收藏生涯始于1927年,这一年,他正好30岁。这年夏天的一天,张伯驹徜徉于琉璃厂古玩画铺,收藏了他的第一件文物珍品——康熙皇帝御笔"丛碧山房"横幅,当时,这幅墨宝挂在墙上已有一段时日,但无人问津。因为对传世的康熙御笔,行家都很熟悉,笔墨沉着厚实,气势开阔,拙而不滞,豪气逼人,充满阳刚之美。而眼前的这幅却是飘逸秀丽,一反以往的风格。但张伯驹却认定了这是真迹,他认为一个人兴致所至,也许会变更字体,但其中的神韵却不会变,这就需要行家认真辨别。张伯驹又细细查看了落款和印章,心中有了十足的把握,就把这个横幅买了下来。

从此,他自号"丛碧"(有人认为是字"丛碧"),自命宅院为"丛碧山房"。丛碧山房就是张伯驹所住的北京弓弦胡同1号院的一个院落,是张镇芳早年在京城当官时置办的产业。宅子占地15亩,院落四五个,会客厅、走廊若干,果木繁盛、花木葱茏,亭台楼阁,胜似花园。

张伯驹在收藏界起步虽晚,起点却高,底子也厚。同时,历史也为张伯驹提供了机遇。

1924年,溥仪从故宫被赶出之后,移居天津。那时,清室优待费也取消了,溥仪生活窘迫,不得不变卖从宫里携带出来的书画,这其中就有不少归了张伯驹。这是怎么回事呢?

当初,溥仪把此事交给了太傅陈宝琛去经办。陈宝琛将40件名贵书画交给他的外甥刘可超去办,其中4件书画抵押在天津盐业银行。当时,张伯驹正在天津,银行经理朱虞生约他同往观看,计有关橦的《秋山平远图》、李公麟的《五马图》、黄庭坚的《诸上座帖》、米友仁的《姚山秋霁图》,索价12万。朱虞生嫌要价太高,没有答应。溥仪的确是急着用钱,也就不太计较了,接着,溥仪又抵押了一些字画。后来,朱虞生病病故,银行所存大部书画为

（隋）展子虔《游春图》卷绢本，纵 43 厘米、横 80.5 厘米，珍藏于故宫博物院。

张伯驹购得。其中文徵明的《三友图》、王翚的《观梅图》等都是绝世佳品。张伯驹本来就历练了一副好眼力，通过收买大内的珍品，其鉴定书画的功力更是“火眼金睛”了。

启功曾评说，张伯驹是“前无古人，后无来者，天下民间收藏第一人”。我们仅从2018年故宫展出的张伯驹的藏品的量级来看，就可以看出张伯驹收藏的魄力和眼光之精：

晋代陆机的《平复帖》，法帖之祖，早于王羲之《兰亭集序》百余年，是我国传世文物中最早的一件名人手迹；

隋朝展子虔的《游春图》，中国山水画传世最早的一幅，在中国绘画史上堪称开篇述祖之作；

其他如唐朝杜牧的《张好好诗》卷、唐朝李白的《上阳台帖》，均为传世孤品；宋朝黄庭坚的《诸上座帖》、赵佶的《雪江归棹图》、蔡襄的《自书诗》帖、明朝唐寅的《王蜀宫妓图》等，都是在我国艺术史上占有独特地位的重要文物。

至于张伯驹收藏文物的故事，我们就讲其中的几个吧。

先讲“三求平复帖”。这个故事流传得最广，几乎成了张伯驹收藏故事的经典和传奇。

这件事还得从唐朝韩干的《照夜白图》流失海外说起，因为这件国宝流失海外，曾使张伯驹感到如同自己的孩子被拐走一样痛心。

《照夜白图》原为溥儒藏物。溥儒作为皇室家族，收藏了不少极有价值的古画。其中，唐朝韩干的名画《照夜白图》（现藏美国大都会艺术博物馆），就是国宝级的历史名画。“照夜白”是唐玄宗李隆基最喜爱的一匹名马。此图又是唐代画马大家韩干于唐天宝年间所画的最著名的代表作，上有南唐后主李煜题“韩干画照夜白”、乾隆皇帝题跋及很多史上名家的印记。这幅画最终为上海画商叶叔重所得。张伯驹知道叶氏是做国际文物买卖的商人。当时宋哲元主政北平，张伯驹立即致函宋哲元，要其阻止《照夜白图》被外国人收买。然而，经宋哲元一番察访，给伯驹的复函是：“已为叶某携走，转售英国。”

其实，《照夜白图》是溥儒通过老太监卫福海及其义子开的“宝云阁”画铺，再通过白坚甫的手，卖给日本人，日本人又转卖给英国古董商人的。

有了前车之鉴，张伯驹担心溥儒收藏的另一件国宝，即西晋陆机的《平复帖》再落入外国人之手，便下决心收购这一珍品。

张伯驹最早是在 1936 年见到《平复帖》的。湖北省不久前遭遇洪水灾害，北平书画界组织了一场赈灾义展，在这次展览会上，张伯驹第一次看到了传说中的《平复帖》，这可是《平复帖》诞生 1700 多年来的第一次展出啊，所以在文化界、书画界引起巨大轰动。

展览会后，张伯驹委托琉璃厂一家老板向溥儒请求出售。溥儒说，他并不缺钱，谁想要就拿 20 万来。张伯驹无力付此巨款，只得作罢。次年，也就是 1937 年年初，张伯驹又托张大千出面交涉，愿以 6 万元求让，溥儒仍坚售 20 万元，又未能成。

1937 年夏，北平爆发了卢沟桥事变。本来是到北平避暑的张伯驹，由于交通受阻，暂时无法回到上海。转眼就到了 1938 年 1 月 28 日，已是农历丁丑年腊月二十七，张伯驹由天津回北平过年。在火车上巧遇了民国前教育总长、大藏书家傅增湘。也正是这次巧遇，才使张伯驹求购《平复帖》的愿望终于实现。

这里介绍一下傅增湘。傅增湘，1872 年出生于四川，字沅叔，曾当过民国教育总长。傅增湘政务之余喜爱收藏古书，他是民国时期著名的藏书家，因为与张伯驹有着共同的爱好，所以二人成了忘年好友。

就在这次相遇中，傅增湘告诉了张伯驹一个惊人的消息，溥儒的母亲项夫人刚刚去世，正在筹钱为亡母办丧事，他准备出售《平复帖》。

不料张伯驹听了以后反倒面露为难之色，他说："《平复帖》我两次相求，他都不肯割爱，现在正遇母丧，如果重提此事，是否有点……"

"我知道你的意思，怕人说你乘人之危，我看不必顾虑，我去和溥儒说。"傅增湘表示要促成这件事。

回到北平第二天，傅增湘就把《平复帖》抱来了。

"溥儒要价 4 万，他的意思不用抵押了，还是一次买断较为简便。"傅增湘就这样为张伯驹做主了。

按照傅增湘的意思，张伯驹立即先付 2 万元，请傅增湘送去，其余 2 万元分两个月付清，张伯驹终于如愿以偿，得到了《平复帖》，其心情的快乐与感慨是一般人很难体会的。本来，收藏者的快乐就是出自喜欢和热爱，为藏品尝尽酸甜苦辣而无怨无悔。收藏者最欣慰的就是在玩赏中品味藏品所蕴含的历史文化内容，达到与先人的沟通。

关于张伯驹收购《平复帖》的过程，现在又有了一种说法。2018 年第 15 期的《三联生活周刊》刊载一篇文章，说是作为傅增湘孙子的文物鉴定专家傅熹年说，当时自己只有十几岁，他记得《平复帖》是在他们家进行交割的，张伯驹用来买《平复帖》的是 4 万元伪币，装了满满四口袋，而不是一些传记书中所写的 4 万块大洋或金条。这两种说法究竟哪一种更真实呢？需要进一步考证。

说实在的，张伯驹收藏《平复帖》的过程，并不十分复杂，也没有过分的惊险，令人敬佩的则是张伯驹锲而不舍的精神，以及他收藏《平复帖》的初心和后来毅然捐出《平复帖》的壮举，令人感动和敬仰，这才是“三求平复帖”故事广为流传的真正原因。

再来讲一下张伯驹收藏隋朝展子虔《游春图》的过程，这也是一个广为人知，最富吸引力和传奇性的故事。其实，收藏《游春图》的过程也没有过多的传奇，之所以为人们广为传诵，主要还是因为《游春图》命运的曲折与《游春图》的巨大价值，以及张伯驹为收藏《游春图》而不惜出卖心爱的房产，甚至说几近倾家荡产；更重要的是，张伯驹在收购《游春图》过程中所展示出来的比金子还要可贵的人品，以及慨然把《游春图》转让给故宫博物院的大公无私的民族情怀。

讲张伯驹收藏《游春图》的过程，我还想顺便为一个人的名誉进行一下“平反”，这个人就是马霁川。他是一个几近被人们丑化了的人物，其实事实不是那样的。

《游春图》是隋代画家展子虔的作品。展子虔擅画人物、山水、鞍马、宫苑、楼阁等，尤其擅长画山水画。《宣和画谱》称：“善画台阁，写江山远近之势尤工，有咫尺千里之趣。”《游春图》是他唯一传世的作品，也是迄今发现年代最早、保存最为完好的卷轴画。《游春图》集中代表了中国早期山水画的面貌，开唐代金碧山水之先河。因此，它在中国山水画史上有着极其重要的地位。

抗日战争时期，溥仪在东北当了伪满洲国皇帝，他也把当年从故宫盗运出来的大量书画珍宝运到了长春，存放在一栋小白楼内。所谓小白楼，不过是伪满皇宫内一座刷了白灰的普通小楼。《游春图》就是其中的一幅。

1945 年，日本宣布无条件投降，长春伪满皇宫一片混乱，小白楼中剩下的 1000 多件书画也被偷盗和肆意抢劫。这些流散出去的珍贵书画于 1946 年年初开始在东北市场出现，这就是被文物商们俗称的“东北货”。

现在，记述张伯驹收购《游春图》过程的文章很多，大部分文章说是琉璃厂玉池山房的马霁川最早从东北收购了一批流落在民间的清宫藏品，其中就有《游春图》，而马霁川欲将 20 多件平常之作或者伪迹卖给故宫，把一些真迹和精品售与上海，以取重利，甚至勾结沪商辗转出国。张伯驹在得知马霁川将要倒卖《游春图》的消息后，异常着急，唯恐此重要国宝被转手售出外国，于是，急与马霁川相商收购，不料马霁川狮子大开口，索价黄金 800 两。那时的张伯驹由于之前的大量购藏，已经没有太多的钱来购买《游春图》。于是，他赶忙找到于思泊，两人一同到故宫博物院找院长马衡谈收购事宜，希望能由故宫博物院出面收购《游春图》，但是，马衡院长由于故宫博物院资金不足，无力收购，最终没能答应张伯驹的请求。没办法，张伯驹只能依靠自己的力量收购《游春图》，当时因屡收宋元名迹，手头拮据，不得已将所居丛碧山房售出，终以 200 两黄金将《游春图》收归，如此云云。总之，马霁川被描述成一个妄图把国宝转卖国外的奸商。

最早对这一说法提出异议的是马霁川的长女马淑一。1991 年年初，她在《当代》杂志上发表了一封信，说：“既然全部采用真名真姓，那么就不该随意歪曲人物形象，毁人名誉，特别是对已故的人物，尤应该尊重历史，采取负责任的态度。”

她的这封信似乎并没有引起广泛的注意，但被当年代表 6 家拥有《游春图》、直接与张伯驹进行交易的文物商李卓卿注意到了，他于 1991 年 2 月 21 日写下了“书证材料”。

1996 年，著名文物鉴赏专家陈重远在他的《古玩谈旧闻》（北京出版社 1996 年版）中，专门提到了他于 1992 年春节期间与时年 82 岁的李卓卿关于

《游春图》情况的一段对话。

2004年,当年为《游春图》交易中间人马宝山的儿子、毕业于首都师范大学的马国庆也撰文《长春救宝记》(《中华遗产》2004年第2期),进一步澄清是非。

2016年,张亚萌更是经过深入的考证,在当年4月28日的《人民政协报》上发表了《〈游春图〉背后的救宝传奇》一文,说清了《游春图》收藏的真实情况,为马霁川"奸商"的冤案平了反。

那么,真实的情况是什么呢?原来与传说大相径庭:

1946年年初,故宫散失书画开始在东北出现,北京琉璃厂墨宝斋的穆蟠忱邀玉池山房马霁川和文珍斋冯湛如(冯派徒弟赵志诚代为前往)同去长春收货,购得了《游春图》。3人回京时在沈阳停留,受到了崇古斋经理李卓卿的接待,穆蟠忱又主动提出邀李卓卿合作做《游春图》这号生意。这样,一幅《游春图》以穆蟠忱为主,伙货的已有4家文物商。而李卓卿这一伙实际又分3股,他和魏丽生、郝保初有前约,不论谁在东北买货,都要3人合作,所以,实际上伙货的是6家,即《游春图》当时为6家所共有。

《游春图》怎么卖?按当时的行规,作为股东之一的马霁川并没有擅自出售的动意和权利。而《游春图》还是存放在穆蟠忱家里。

张伯驹知道了《游春图》的事情后,就力主故宫博物院回收,在故宫博物院表示无力回收后,才决定自己收购,这种收购的初心当然就是"予所收蓄,永存吾土"的民族情怀。

张伯驹委托的交易中间人是马宝山,而《游春图》所有者的文物商们,又推出李卓卿为卖方代表,这样,马霁川实际上就没有参与《游春图》的售卖过程。

李卓卿和张伯驹最后谈妥的价格是黄金200两。200两黄金也不是个小数目,张伯驹因资金紧缺,手头拮据,只好忍痛卖掉了自己的房子。

成交之日,马宝山请张伯驹和李卓卿同到自己家中,张伯驹带的黄金成色只有足金130两,张伯驹力允补足欠款。于是,由马宝山作保,李卓卿亲手将《游春图》卷交与张伯驹,后经几次补交,到不足170两时,时局大变,双方已无暇顾及欠款之事。

事情就是这样。马霁川并未参与销售过程，谈何“奸商”？所以，马国庆曾进一步澄清是非，这样评价马霁川：“马霁川先生虽未受过高等教育，但始终怀有一片爱国之心，且教育子女后人以爱国爱家为训。1947 年，玉池山房将单独收购的 5 幅手卷和 1 幅册页等国宝级文物，送至故宫博物院收藏，故宫博物院均有记录在案。”

显然，马霁川在后来的传说中，的的确确是被污名化了，那么这是不是空穴来风？是诸多作者的无端编造呢？但也不是这样。这种说法还是真的来自张伯驹本人。原来，张伯驹在《隋·展子虔〈游春图〉》一文中曾说：“……余闻之，亟走询马霁川索价 800 两黄金。乃与思泊走告马叔平，谓此卷必应收归故宫博物院，但须院方致函古玩商会不准出境，始易议价。”

张伯驹为什么会说出这样的话呢？其实并不难理解，即马霁川毕竟是 6 个股东之一，张伯驹虽然托了马宝山，但还是有机会遇上马霁川的。问上一句，也在情理之中，至于马霁川是否索价 800 两，即使有，也符合商界“漫天要价，就地还钱”的潜规则，并不能以此作为“奸商”的依据。正如当年溥儒据有《平复帖》，曾两次向张伯驹索价 20 万一样，最后还不是以 4 万成交？

至于张伯驹说“须院方致函古玩商会不准出境”，这是个预防性措施，并不能说马霁川就有了把此画出卖给外国人的想法和行为，这是明显的道理。

不管怎么说，马霁川没有介入《游春图》买卖过程，张伯驹个人的文章也不能作为推定他人为奸商的证据，这样，就从根本上推翻了马霁川是奸商的传闻。

今天，当我们在故宫博物院安静地欣赏《游春图》等珍贵的中华文物时，也让我们以一片感恩之情真挚地缅怀伟大的收藏家张伯驹和马宝山、李卓卿、马霁川等众多爱国的文物商人。他们虽然是“将本图利”的商人，但亦是有职业道德和爱国之心的华夏子孙。更为重要的是，他们为中华文物的保护传承也作出了贡献。

张伯驹的文物收藏故事还有很多，也很有趣，例如收藏唐朝杜牧的《张好好诗》卷的故事，收购唐朝李白的《上阳台帖》、明朝唐寅的《王蜀宫妓图》的故事，收购宋徽宗的《雪江归棹图》、范仲淹的《道服赞》的故事，一夜之间收得“夫妻砚”（柳如是、钱谦益）的故事，等等，每一件藏品的背后，都有一些动人的故事,这些藏品无不凝聚了他的心血。可以说,张伯驹收藏古代珍贵书画已经达到了痴迷的程度。据他的朋友张牧石说,新中国成立前,张伯驹一次闲游旧物市场,偶见一人卖玻璃杯,却用旧画作包装纸包着,以保护玻璃杯。张伯驹要买旧画包装纸,货主说不单卖包装纸。张伯驹只好全部包买了玻璃杯,目的就是要这些包装纸。回来后发现,画为青绿山水写实画,一笔不苟,确为珍品。张伯驹再看其笔法、纸质各方面,鉴为明人所作,可惜没有落款,不知作者是谁,张伯驹很是为此遗憾。由此一事,也可看到张伯驹爱惜古书画之心是多么感人。关于张伯驹的收藏事故,我们就只讲这些吧!

张伯驹一生收藏了多少文物珍品呢?他将自己从1932年到1960年间收藏的书画珍品记录到《丛碧书画录》一书中,这是张伯驹一生所藏精品书画的总目,成书时间在1960年前后。据该书统计,张伯驹1960年以前共收藏书画117件。其中唐代以前6件,宋代13件,元代11件,明代40件,清代47件。宋元及之前的藏品共30件,约占其所有藏品的1/4。但《丛碧书画录》所列作品还不是张伯驹一生所藏有的作品总量。因为他在该书中说:“宋元团扇,明清便面,皆属册类,对联则多不录。余所收便面、对联是录亦不另列入。”除此以外,张伯驹捐赠给吉林省博物馆的部分书画没有包含在《丛碧书画录》中,原因可能是因为《丛碧书画录》写于1960年,而张伯驹是1961年去吉林工作的,这些没含在目录中的书画可能是张伯驹在1960年以后收藏的。

在一定程度上讲,收藏家藏品的质量和数量是衡量一个收藏家眼力、实力和地位的重要参考因素。由此,我们不难看出张伯驹的收藏,其精品之多,质量之高,使他成为20世纪当之无愧的收藏大家。

“予所收蓄,永存吾土”

张伯驹作为一个伟大的收藏家,并不仅仅在于他的藏品之精与藏品之多,更重要的是他具有一个收藏大家的崇高情怀和伟大义举。简单地说,就是他的“予所收蓄，永存吾土”所体现出来的民族大义和爱国情操。

这一节，讲两个方面的内容，就是“烟云过眼”和“藏与不藏”。

“烟云过眼”是讲一个收藏家的收藏情怀。

张伯驹在《丛碧书画录》的序言中说：

> 东坡为王驸马晋卿作宝绘堂序，以烟云过眼喻之。然虽烟云过眼，而烟云固是郁于胸中也。予生逢离乱，恨少读书，三十以后嗜书画成癖，见名迹巨制虽节用举债犹事收蓄，人或有訾笑焉，不悔。多年所聚，蔚然可观。每于明窗净几展卷自怡。退藏天地之大于咫尺之间，应接人物之盛于晷刻之内，陶熔气质，洗涤心胸，是烟云已与我相合矣。

“烟云过眼”是古代鉴藏家对“书画收藏”行为作的一个比喻，其含义大抵是自己的珍藏犹如“烟云过眼”一样，终究会流入别人手中，所以只是“烟云过眼”，一切等同浮云和烟尘，归于空无所有。因而藏家都希望“子孙永宝之”。这里的“烟云过眼”有两层意思。一是说书画中的画面和意境犹如烟云一样，收藏家欣赏之时犹如看到苍天白云的壮观和悠然，然而，人之一死，万事皆空，还不是一无所存？这是精神层面的“烟云过眼”，一切都是虚无的、暂时的。物质方面的“烟云过眼”呢？就是说，再珍贵的文物，自己的子子孙孙都不可能永久保存下去，终究会损毁或流传外人之手。这方面的例子当然很多，如中国历史上的书画收藏家项元汴、高士奇、安岐、梁清标等，其藏品能够“子孙永保”者确实罕见。但是，张伯驹在这里所批判的正是这两个层面的“烟云过眼”的庸俗含意。

他所强调和理解的“烟云过眼”观恰恰与庸俗市侩的“烟云过眼”观大为不同。他所理解的“烟云过眼”，是书画精神的永恒，是书画精神、意蕴对欣赏者、收藏者的灵魂、气质的陶熔。他说的陶熔气质、洗涤心胸就是这个意思，即收藏者收藏书画的目的决不能停留在文物的经济价值上，而是看重书画文物的精神价值和文化价值。收藏者在欣赏书画时，那种“烟云已与我相合”是说书画意蕴对欣赏者精神上的感染和升华，这种“烟云相合”是永恒的，即便是收藏者逝去了，但他对书画意蕴的理解照样可以世世代代传下去，成为一代代人精神传承的财富。

这就是张伯驹与一般收藏家的不同，这种不同是收藏情怀的不同。张伯驹的书画收藏确实是始于爱好，当然这种爱好也不是凭空而来的，而是由他深厚的文化素养和广博的国学知识生发出来的，这种文化素养和知识才是他理解、喜爱书画文物的基础。张伯驹开始书画收藏一方面是出于自娱的目的，另一方面是以书画来陶冶性情，修身养性的。这源自传统文人赏鉴书画的传统。如六朝时期的宗炳在《画山水序》中所说的那样"披图幽对，坐穷四荒"。张伯驹因收藏得以与古人神交，体会到天地浓缩于咫尺，人物浮现于一时的乐趣。这是旁观者很难体会到的，也是一般文物收藏家所不具有的情怀。

故宫博物院副研究员郝炎峰有一段话说明了这种"烟云过眼"的内涵，他说："文物以形象化的视觉体验令收藏者对诗词、书法、绘画、印章等艺术门类融会贯通，进而胸中涤荡，心旷神怡。古往今来，这种精神层面的愉悦令多少鉴藏家醉心于此，乐此不疲，这不可不说是古书画的魅力，是中国传统文化的精粹所在。"张伯驹所具有的，正是这种"烟云过眼"的情怀。

但是，古人所说的"烟云过眼"，是说文物，一个人不可能永远保留它，最终要流到别人手里，这种物质性的"烟云过眼"在一定意义上毕竟是存在的。对于这个问题，张伯驹是考虑到了的，怎么办呢？古人对文物的终极去处是消极的、无奈的，而张伯驹的办法则是最终归国家所有，对于张伯驹一生的言行，我们找不到一丝一毫他有把文物传给自己子孙的意思，这就是张伯驹作为一个伟大的文物收藏家与一般收藏家或收藏大家的又一区别。

还是在《丛碧书画录》的序言中，张伯驹又说道：

> 自鼎革以还，内府散失，转辗多入外邦，自宝其宝，犹不及麝脐翟尾，良可概已。予之烟云过眼所获已多。故予所收蓄不必终予身为予有，但使永存吾土，世传有绪，是则予为是录之所愿也。

冯其庸称颂张伯驹的这种思想"可说是光芒万丈的思想"。冯其庸还说："读了这段话，我们才能十分透彻地看到伯老冰清玉洁的高尚情怀，也更可以看出，伯老之作为收藏家，与历史上的和当今的收藏家胸次境界的区别。”

那么，这种“胸次境界”是什么呢？我用一句话去概括它，就是“藏与不藏”。这似乎是矛盾的，但又是统一的。藏，就是以极大的魄力和所有的财力去收藏去抢救有价值的祖国文物，用张伯驹的话说就是“不怕一掷千金，魄力过人”；不藏，就是决不追求“自宝其宝”“子子孙孙永宝之”，最终的目的则是“予所收蓄，永存吾土”。

我们今天之所以隆重地纪念他、歌颂他，赞颂他为“百代高标，千秋丛碧”，赞颂的就是他这种“藏与不藏”的作为与精神！如果张伯驹没有这种精神，那么，他充其量也就是一个大收藏家，而难以成为全国、全民族敬仰的一个伟大的收藏家。

那么，张伯驹为什么会有如此的“胸次境界”呢？这又与他的收藏动机的产生、发展与转变有关。理解张伯驹，这是要说清楚的。

张伯驹早年就博学多才，尤精于中国的传统文化，如诗词、戏曲、书画之类，且家境宽裕，此时他收藏宋元名迹的行为可以说是个人的喜好；那么中年以后，当张伯驹家道中落，即使是贷款或者卖宅也要收藏一些珍贵的文物，那就不是单纯的个人雅好所能说清的了，这时候，他的收藏已具有民族大义的高尚追求了。也就是说，他已非常清楚地意识到这些国宝级的艺术品是属于国家和民族的。他有担负和保护民族文化遗产，传承文化的责任。正是这种责任心，使张伯驹成了一个伟大的收藏家。

张伯驹曾对章伯钧说过：“不知情者，谓我搜罗唐宋精品，不惜一掷千金，魄力过人。其实，我是历尽辛苦，也不能尽如人意。因为黄金易得，国宝无二。我买它们不是为了钱，是怕它们流入外国。”

张伯驹的这种民族情怀和爱国精神的归结点，用他自己的话说，就是中华文物的“世传有绪”，而绝不能流入外国。在他看来，中华文物的每一件都是中华文化的标志和象征。每一件文物留存在国内，都是中华文脉的延续。收藏文物，决不以金钱的获得，不以牟利为目的。这就是张伯驹作为一个大收藏家的至高品格。他在上海被绑架期间所说的话“宁死魔窟，不卖文物”，就是这种品格的鲜明体现。

在张伯驹身上，我们看到了一代名士和一个知识分子的操守与坚持。在20世纪三四十年代战乱频仍、人人自危的情况下，张伯驹作为一个收藏家，能将民族大义放到首位，拯救了多件重要文物，使之不至于流往国外，实在是民族之幸事。而那些只是以个人兴趣或投资为目的的行为是谈不上大收藏家的，也不配冠以收藏家之名的，他们充其量不过是艺术品的曾经拥有者，或者说是一个文物商。

1956年，新中国正是欣欣向荣、蒸蒸日上的时候，张伯驹毅然将晋代陆机的《平复帖》、唐朝杜牧的《张好好诗》卷等8件古代书法精品捐献给国家，正是他这种家国情怀的体现。

对于张伯驹把《平复帖》等珍贵文物捐献给国家和把《游春图》等转让给国家的义举和意义，国家文物鉴定委员会主任委员傅熹年的一番话让人印象深刻：张伯驹当年把晋代陆机《平复帖》、隋朝展子虔《游春图》捐献给国家，“使故宫博物院拥有了传世最早名人书法和传世最早山水画，这对于确立故宫在书画领域领袖群伦的地位，起到了至关重要的作用”。著名学者启功更是评价张伯驹在我国文物收藏界是“前无古人，后无来者，天下民间收藏第一人”。故宫博物院原副院长杨新曾充满激情地评价张伯驹：“流芳千古的艺术大家、大收藏家张伯驹潘素夫妇热爱党，热爱人民，热爱民族文化艺术事业。在国难当头时期他们为避免国宝流失而不惜倾家荡产，把生死置之度外，用生命和忠诚捍卫和保护了我国的重要文化遗产，为振兴民族文化做出了贡献。新中国成立后，他们没有将价值数百亿的‘国宝’留给子女，却无偿地分期分批献给了国家，现已成为我国的‘镇国之宝’和‘民族之魂’。他们这种奉献精神和高尚品质，为我国文化艺术工作者和全国人民树立了光辉的榜样。”

故宫博物院称张伯驹夫妇的捐献功绩为“星耀河瀚，泽被文华”，实在是对他们一生收藏事业最恰当、最崇高的评价。

第八讲 『春游』长春铩羽归（上）

张伯驹的一生可分为两个明显的阶段。60 岁以前可作为前半生。这一阶段基本是他人生的顺境，是其各种文化艺术成就逐步形成并达到成熟的阶段。

1957 年以后，随着反右派斗争及以后各种政治运动的开展，其传统文化艺术观念与极左文艺政策直接的冲突，导致他的命运开始跌入不断的灾难岁月，而其在命运的磨难中所展现出来的，则是他对传统文化的坚守，以及在痛苦的坚守中，其文化艺术特别是词作反而又达到了一个更加成熟、更有意义、价值更高的阶段。但他在一生的后半段，所展示给人们的，更多的则是其在逆境中不为世俗所左右的始终独立的人性光辉。

这一讲至第十三讲，我们就讲张伯驹从 1957 年开始的晚年坎坷生涯。

“可怜中州老词人”

1956年，是张伯驹鉴赏收藏事业达到光辉顶峰的阶段，这一年，他和夫人潘素把晋代陆机的《平复帖》等8件他所收藏的最为珍贵的文物捐献给了国家。他对女婿楼宇栋说：“我看的东西和收藏的东西相当多，跟过眼云烟一样，但是这些东西不一定要永远留在我这里，我可以捐出来，使这些宝物永远留存在我们的国土。”

张伯驹捐献8件文物后，文化部向其郑重颁发了由部长沈雁冰签发的“褒奖状”：

> 张伯驹、潘素先生将所藏晋陆机《平复帖》卷，唐杜牧之《张好好诗》卷，宋范仲淹《道服赞》卷，蔡襄自书诗册，黄庭坚书卷等珍贵法书共八件捐献国家，化私为公，足资楷式，特予褒扬。
>
> 部长　沈雁冰
>
> 一九五六年七月

褒奖状中的等字所包含的另外3件是：宋代吴琚《杂书诗帖》、元朝赵孟頫章草《千字文》、元朝俞和楷书。

张伯驹捐献8件珍贵文物的消息，在全国文化界引起了巨大轰动。张伯驹完成了一个伟大收藏家的历史使命，奠定了他在中国文物收藏史上的不朽地位。的确，历史上也有过类似的事情，但从未有过如此之重、如此之多的文物捐献。

正当张伯驹的收藏事业和他的声誉达到顶峰的时候，一场反右派斗争的风暴，把他打入了社会的“另册”。

在1957年反右派斗争中，张伯驹被打成了“右派”。一转眼，张伯驹捐献文物的义举被说成是“沽名钓誉”，是假积极等。

张伯驹为什么会被打成了“右派”呢？具体原因有很多，但最直接的导火索则是他终生喜爱的戏剧。

新中国成立以后,张伯驹为普及传统京剧做了大量工作。1952年,为保护昆曲、京剧两个剧种的精粹,他邀请昆曲、京剧著名演员和票友、戏曲研究家20余人聚会,发起组织了“北京市京剧基本艺术研究会”,按照过去北平国剧学会的模式,做理论与技艺的研究,期望整理出京剧表演艺术和体系。张伯驹认为,有些传统京剧的剧目包藏着高招,有些老艺人身怀绝技,应该挖掘这些剧目,重用这些老艺人。恰好1957年4月10日至25日,文化部召开了第二届全国戏曲剧目工作会议,宣布要“尊重遗产”,强调在剧目工作上要“大放手”。同时,文化部又先后发出通知,开禁新中国成立初期禁演的《探阴山》《杀子报》等26个剧目。

中央的这一精神让张伯驹异常兴奋,他积极投入文化部组织的传统剧目整理工作中,并将老艺人们组织起来,成立了“老艺人演出委员会”。张伯驹还主张演出曾被禁演的《海慧寺》(即《马思远》)。

张伯驹主张演出《马思远》,遭到了北京市文化局的反对,说这出戏是明令禁止过的,所以暂时不准公开演出。但张伯驹心有不甘,他气极、怒极,要和文化局理论理论,又给文化部部长沈雁冰写信,说是“如不公演,将影响艺人情绪”。另外,他又到处热情张罗,让大家想办法上演《马思远》。最后,张伯驹活动的结果是大家提出先内部演出,听听各方面的意见。这个建议得到文化部的赞同,于是在新侨饭店礼堂演出了。

内部公演的那天晚上,文艺界知名人士大都被请到了,中央和北京市的相关领导也入座观摩。开幕前,张伯驹以晚会组织者的身份致词,但从开戏到散场,领导人始终表情严肃,直到退席。

戏是演出了,风波也就来了。本来,对于一出戏,让演就演,不让演就不演,不就得了吗,于个人有何损失?张伯驹能把价值连城的文物捐出去,思想是何等豁达,可他偏偏在演不演一出戏上较真了。无怪乎他的女婿楼宇栋说最优秀的人往往是固执的。从这个意义上说,张伯驹是文人中最优秀的,也是最执拗的。

时隔不久,在反右派斗争中,《马思远》作为坏戏受到批判,一顶“右派分子”的帽子也就落到了主张公演“坏戏”的张伯驹的头上。

作为“右派分子”，张伯驹被开除公职，失去了工作。

直至20年后，张伯驹被平反前夕，他还记着这件事，写了一首诗：

一朝天子一朝臣，舞榭歌台梦已陈。
啼笑皆非马思远，中州断送老词人。

诗后有注云：“旧历史一朝天子则有一朝之臣，一艺术之兴衰亦如是也，非天不变而道亦不变者。《马思远》为清代戏，余以支持于连泉演出，而受牵连。世换景迁，不应谈戏曲矣。”

张伯驹被划为“右派”，是其一生命运的一次大转折，几年之后，他被迫出关东北，然后遭逢“文化大革命”，下乡插队等，一连串的灾难在等待着他，直到改革开放以后，峰回路转，他晚年的生命才再次出现戏剧性的转折。

张伯驹逝世以后，著名学者冯其庸写了三首词纪念他，其中一首就是写张伯驹献出珍贵文物后却被打成“右派”的冤案的。这首词是《浣溪沙》，值得一读：

绝世天真绝世痴，虎头相对亦参差。人间真个有奇儿。　拱璧连城奉祖国。弥天罪祸判当时，此冤只有落花知。

“虎头”是什么意思？“虎头”即顾恺之（约348—409），字长康，别名虎头，无锡人，东晋时代的画家，被时人称为“才绝、画绝、痴绝”。顾恺之多才，工诗赋，善书法，他的画线条连绵流畅，如春蚕吐丝。张伯驹的艺术、性格与顾恺之颇为相似，所以，冯其庸在这首词中把顾恺之与张伯驹作比较，说他们不相上下。

“春游主人”长春游

1961年张伯驹突然出关东北，到长春任职，是张伯驹一生故事中流传最广的事件之一,已被当成传奇。1961 年张伯驹突然收到吉林省委宣传部部长宋振庭的一封电报,邀他和夫人潘素去吉林工作,后来一问,才知是他的老朋友陈毅安排吉林省委书记于毅夫照顾安排的。这样的经过确实有些传奇色彩,显示了陈毅元帅对张伯驹的友情与关照。但这一说法与张伯驹本人的叙述并不一致。

其实,张伯驹出关东北,也没有什么传奇,是其命运使然。我不赞成在人物传记中讲述传奇,所谓传奇大都是人们捕风捉影、虚构出来的东西,貌似有趣,实则于历史无益。

在 1971 年 10 月张伯驹写给周恩来总理的亲笔信中,一开始便写道:“一九六一年夏,吉林省委宣传部约我夫妇去吉林艺专讲授国画,原拟三个月或半年而归,至则留作长期工作……”而在张伯驹亲笔写的《五十年来我的情况》一文中,又明确写道:“六一年吉林省艺术专科学校约我爱人潘素讲授国画。潘素因我年老无人照护,不肯去。后吉林省委宣传部约我夫妇同去。”

这些话已经表明,张伯驹去东北与陈毅并无直接关系,因为张伯驹还说过,他被打成“右派”直到 1961 年去东北前夕,并未与陈毅联系,直到向陈毅辞行时,陈毅才知道他被打成“右派”的事。

这样问题就清楚了,作为一个朋友,在并不知道对方 4 年来的工作情况,又未联系的情况下,怎么会不打招呼,自作主张地去为朋友安排工作呢?不合情理嘛!

我们今天讲清楚张伯驹去东北的真实情况,并不是为着淡化陈毅与张伯驹的情谊,因为无论是否陈毅安排,都不会弱化共和国元帅与一个布衣之士的深厚交情。

那么,张伯驹是怎样去东北的呢?还是曾任吉林省政协副主席的任凤霞在《张伯驹先生在吉林》(见《2018 年 4 月 12 日人民政协报》)一文中说得清楚。她说,时任吉林艺术高等专科学校副校长的耿际兰委托史怡公赴北京请潘素,潘素提出了她老伴儿张伯驹年纪大,无人照料不成。耿际兰是个爽快人,答应可以一起来,后据此向省里汇报,吉林省委宣传部和吉林省文化局立即作出决定,潘素及张伯驹二人同请。于是,张伯驹夫妇来到了长春。

张伯驹到了长春,最初的工作意向是在吉林艺专教授书法和艺术史。

吉林省委宣传部部长宋振庭则另有一番考虑,他与时任省博物馆党支部书记、主持工作的副馆长王承礼商量,说张伯驹有文物收藏的爱好,安排在省博物馆更能发挥作用。王承礼同意组织安排。就这样,张伯驹最初到省博物馆时先任了副研究馆员;又过了几个月,摘掉“右派”帽子后,任了省博物馆第一副馆长(馆长一职空缺)。

张伯驹出关东北,是一种随夫人一同被聘的“偶然”,也是一种历史的机缘与巧合,更是他命运的一次转折,是他生命历程中一段颇为特殊的时光。

张伯驹很幸运,他遇到了一位懂收藏、有文化的领导宋振庭。在宋振庭的放手支持下,张伯驹做起文物收藏鉴赏,真是轻车熟路,“相当卖力气”(王承礼语),他首先整理鉴定了大量的原来馆内遗存,又开始有意识地多次进京寻访,征集中国古代书画珍品。他首先把遗落在公主岭的董其昌的代表作青绿山水《昼锦堂记》买了回来。这是张伯驹为吉林省博物馆收藏购得的第一件藏品,从此开始了吉林省博物馆的个性化收藏和特色收藏。

从 1962 年至 1964 年,张伯驹共征集历代书画 225 件,其中包括元代倪云林的《敬亭山寺图》、张渥的《临李龙眠九歌图》,还有北宋苏轼的《洞庭春色赋》《中山松醪赋》二赋卷、清朝丁观鹏摹《张胜温法界源流图》等书画名迹。另外,张伯驹以超前的眼光建议,要把当时市场上张大千、溥心畬,历代名人书画扇面和成扇,历代名人书札册等作品尽数收藏,要把吉林省博物馆办成书画收藏和研究的中心。在张伯驹的倡议下,齐白石、张大千、溥心畬的大量作品及历代名人书札、册画、成扇等进入了吉林省博物馆。

宋振庭曾为吉林省博物馆提出了一个明确的书画征集、收藏理念,即:兼容并蓄、各家备格、成龙配套、自成体系。由于张伯驹工作“相当卖力气”,这一格局基本形成。吉林省博物馆书画收藏品类一举名列国内馆藏前列,张伯驹真可谓功莫大焉。宋振庭曾夸奖他说:“张先生使我们吉林省博物馆一下子成了富翁。”

张伯驹对吉林省博物馆最大的贡献除收购了大量的古代精品书画和一系列富有特色的近现代名人书画以外,就是自己对吉林省博物馆的巨大捐献了,这种捐献,极大地丰富了吉林省博物馆的馆藏,成了吉林省博物馆的“半壁江山”,且许多精品成了其镇馆之宝。

1980年4月,张伯驹夫妇与宋振庭(右)同赴北京西郊颐和园赏花。

1964 年,张伯驹主持筹备编辑《吉林省博物馆藏画集》。编辑过程中,一件事让他作难,藏画中唯缺少宋代真迹,即便出版,也有缺憾,但他已将收藏的晋、唐、宋、元名迹先后捐赠或转让给故宫博物院了,唯独留下了一件宋代杨婕妤的《百花图》自娱。张伯驹对这卷画感情很深,他曾说过:"我终生以书画为伴,身边就只有这么一件珍品,每天看看它,精神会好些。"他还对王承礼说,上海博物馆曾想用 1 万块钱收《百花图》卷;北京则出价更高,邓拓不止一次请他将此卷留给北京,他都难以割舍。

但是这一次,他还是向吉林省博物馆捐出了《百花图》卷,一并捐赠的还有南宋赵伯骕的《白云仙峤图》卷、《宋拓九成宫醴泉铭》册,元朝仇远的《自书诗》卷,明朝薛素素的《墨兰图》轴,元朝赵子昂的《篆书千字文》卷,元朝颜辉的《煮茶图》卷,唐人写经《大般若波罗蜜多经》,唐人楷书册等。

张伯驹如此单纯、善良、慷慨,真是世间少有!

他的捐赠成就了吉林省博物馆"书画重镇"的地位。王承礼一直记得张伯驹那句朴实又充满感情的话语:"在吉林待一回,要给吉林留下东西。"

"春游琐谈"

张伯驹出关东北,是其人生的一大悲剧,但也是其人生中一次短暂的喜剧。因为张伯驹的确是一个"绝世天真绝世痴"的文人。他在长春,自视为一场"春游",他说:"人生如梦,大地皆春,人人皆在梦中,皆在游中,无分尔我,何问主客……万物逆旅,尽作如是观。"

这似乎是一种佛家眼光对世俗的认识。这种认识、这种心态对张伯驹是有积极意义的,正是这种心态,使他不但精神上过上了一段颇为畅快的日子,在学术上也有了意外的收获。

长春人是厚道的,王承礼是厚道的,又遇上了宋振庭这样的"伯乐"干部,张伯驹的确是幸运的。20 世纪 80 年代中期,王承礼在回忆张伯驹时,还非常平和、诚恳地说,张伯驹"涉世不深,旧政治、新政治都不大懂","我是支部书记,从事业出发,他是人才,对他(要)爱护、保护着点,招呼着点","宋振庭对他照顾,我也比较照顾”,“我们经常参加他的艺事活动,为其‘站脚助威’”。

不错,张伯驹的确是对旧政治、新政治都不太懂。他不懂旧政治,是因为他本身就身居上层社会,看透了上层社会的腐朽和黑暗,采取了一种传统士人“视金钱如浮云,视权势如粪土”的态度;对新政治呢,他又处于一种被改造的旧知识分子地位,我行我素,表现出传统文化中“士”的风范。无怪乎人们说他是中国传统文化的忠实捍卫者,是中国历史上最后一位“名士”。

张伯驹对新政治不太懂,而对传统文化却具有极大的兴趣,他很好玩,也很会玩,对琴棋书画、诗词歌赋,尤其是填词、唱老京剧,兴趣都很高。在吉林文史所庆祝建所一周年的晚会上,张伯驹被请去了。他唱了一段《阳光三叠》,很有韵味,很有余叔岩的味道;还有一次,吉林艺专美术系在二楼举办教职员工联欢会,把张伯驹也请去了。席间有人高声呼叫,欢迎张伯驹来一段。张伯驹一点也没推辞,站起来就唱了一段《洪阳洞》,这是余叔岩的名剧。他稍稍弯着腰,摆着头,闭着眼睛,气脉虽略显不足,但样子特别投入,自己也很陶醉。

曾在吉林艺专工作过的任凤霞女士介绍说:张伯驹不仅喜欢聚会,爱热闹,同样喜欢清静悠闲的氛围,一不留神,便自然进入一种别样的世界。他住在吉林艺专南湖宿舍时,附近有美丽的南湖公园,他便常在公园散步。每每空气清新的早上,张伯驹常是黑色布衣布裤,一双布鞋踏在挂满露珠的草地上。他略微弓腰,神色悠闲地走着,时而停下来,弯下腰与正在吃草的小羊额首点头,山羊也不怕他,他缓慢地摇摇头,口中像是哼唱,唱的是什么?就有好奇的学生趋前细听,噢,似乎是陶醉在西皮、二黄的戏韵里。

在那种剧烈变化的年代,张伯驹依然沉浸在传统文化里,是那样闲适、散淡。而厚道的东北人理解张伯驹、善待张伯驹,并没有跟他过不去。

就是在这样相对宽松的环境里,张伯驹还做了一件文人雅事。直到今天人们才知道,其实,张伯驹是在休闲娱乐之中抢救着历史文化。

这件事就是《春游琐谈》的编写。

1962 年 10 月到 1965 年间,张伯驹在吉林,与吉林各大专院校的一些朋友如于省吾、罗继祖、裘伯弓、单庆麟、恽宝慧等,开展沙龙式文化漫谈活动。

平日都很忙，只有每周相聚一次，算是以文会友，大家谈笑甚欢。后来张伯驹建议，每人每次见面均可各写一篇笔记小品，题材不限，既可词章，又可金石书画，亦可风俗、考证。大家欣然同意。

这实际上就是张伯驹跟当地意趣相投的文人、学者的小聚会。文人爱弄笔，就名为“春游社”。张伯驹则把每次聚会时收集到的文章存起来，自己手抄，自费油印，装订成册，送给省内、北京和上海的朋友。该书先后共印了6册，每册薄薄一本，纸张黄、绵、软，文字竖写，采取了中国古代线装书的格式，不同于现代书籍装订，真是有特点极了。然而，在那个年代里，这样的活动和书籍当然要受到几乎不熟悉传统文化的人的怀疑，于是，文人小事闹成了满城风雨，惊动了公安厅，立案侦查，侦查的结果当然是一场叫人啼笑皆非的“幽默小品”，最后是不了了之。

这本书终于在“文化大革命”之后，由中州古籍出版社出版，成为一本极有价值的书。2018年，南开大学出版社再次出版了由楼朋竹校订的增订版，可惜，张伯驹生前没有看到这本书的出版。

第九讲 『春游』长春馀羽归（下）

张伯驹出关东北是一种历史的机缘与巧合，促成了他晚年生命的一段奇光异彩而又苦难的历程。张伯驹在长春约有 10 年时间，这 10 年却几乎是他一生的浓缩和写照。在长春，他过上了一段热心忙碌而又闲适和散淡的日子。他创作的《春游词》是比《丛碧词》成就更高的一部词集，是其词作艺术和思想境界更加升华和成熟的巅峰之作。而在“文化大革命”中受到的批斗和打击，使他备受煎熬；1970 年、1971 年两年间，他漂泊在北京，无住处，无工作，陷于窘境。

所以，研究张伯驹，就要看重他在长春的岁月。同时，他在长春的身影，也是一代知识分子命运的代表和浓缩。这一讲，我们仍讲张伯驹在长春的岁月。

“春游”词笔

张伯驹的东北之行，虽然脱离了苦闷无聊，备受歧视和压抑，难有作为的环境，去迎接老尚能为的新生活，但到底已非志在四方的勇闯天涯，而是无奈之举。不料这颠沛流离的生活和凄凉倒成了他情感的源泉和诗词的素材。他文思泉涌，挥洒词笔，写尽风霜坎坷，写尽人生感慨。

张伯驹的词作，又达到一个苦难淬炼后的全新境界和艺术的高峰，这就是《春游词》创作的极大成功。

有人把《春游词》看作是张伯驹的晚期创作，冯其庸则说是他中期的词作，我看这样分是可以的，也可以把它看作晚年创作的前期阶段，从 1970 年起的《秦游词》才真正进入张伯驹词作的晚景。

《春游词》有一篇序，此后张伯驹的每一部词集都有一篇序，这在《丛碧词》中是没有的。原因也很明显，《丛碧词》跨度时间长，题材丰富，风格多样，且张伯驹的生活状况没有多大变化。到《春游词》，已完全不一样了，他已生活在一个“光阴迫，一万年太久，只争朝夕”的社会大变革时期。他每一词集的序都突出反映了这一时期的社会环境和他自己的心绪状况。他的词，也折射了风风雨雨。

《春游词》的序言，对了解他这一段的词极有裨益，序说：

> 余昔因隋展子虔《游春图》，自号“春游主人”，集词友结“展春词社”。晚岁于役长春，更作《春游锁谈》、《春游词》，乃知余一生半在春游中，何巧合耶！词人先我而来者，有道君皇帝、吴汉槎。穷边绝塞，地有山川，时无春夏。恨士流人，易生离别之思，友情之感，亦有助于词境。彼者或生还，或死而未归，余则无可无不可。沧桑陵谷，世换而境迁，情同而事异。人生如梦，大地皆春，人人皆在梦中，皆在游中，无分尔我，何问主客，以是为词，随其自然而已。万物逆旅，尽作如是观。

道君皇帝,即宋徽宗赵佶,工书画、善鉴赏、能诗词,深通百艺。“靖康耻”,被金人掳出关外,史称死于“五国城”(吉林扶徐)。吴汉槎即吴兆骞,清顺治举人,被遣戍宁古塔(吉林宁安),在塞外20余年,天天和羁臣逐客饮酒赋诗,气壮而才丽,后来被纳兰性德知道了,怜爱其才,为其周全,才得以赎归。

张伯驹以“右派”身份到吉林去的时候,联想到了这两位历史人物,也把自己与那些“恨士流人”相比,并且认为在“穷边绝塞”的境遇中,容易产生离别和思念友人的感触,这便有助于诗词写出意境。如其所云,优秀的骚人词客,都是逆境造就的。

“彼者或生还”,是指吴汉槎;“或死而未归”是指宋徽宗。张伯驹说到自己,“则无可无不可”,活着回到北京也可以,死在吉林也可以,完全是一副超脱姿态。接着说到世事变幻无穷,人生如梦如幻,梦游中的那种感觉是不论你我,不分主客的,只要把这种感受写成文字,随其自然,不加雕琢,便是好词。这是张伯驹的文学观,也是他的人生观。天地不过是万物的旅居之所,一切将匆匆而去啊!

对于张伯驹来说,时代新旧其实已经没有意义了,张伯驹的时间观念是“大时间”观念。他就是一直这样生活的,一直在梦中春游,只不过梦境不同罢了。

但是,张伯驹一旦远走关东,还是难免去时留恋,到后思归,无论看花、赏月,还是守岁、登高,往往情不自禁地流露出乡思乡愁。

1962年年初,春节时,张伯驹夫妇回京过年,仅仅几个月,思乡之情便溢于言表,有《定风波》一词:

定风波

辛丑除夕,与诸河友守岁

辽海归来雪满身,相逢容易倍相亲。灯外镜中仍故我,炉火,夜阑灰尽酒犹温。　明岁天涯应更远,肠断,春来不是故园春。几点寒梅还依傍,才放,也难留住出关人。

这首词文字优美，音韵婉转和谐，情意悲苦，颇耐寻味。“也难留住出关人”真是别出心裁，花也有情，想留主人而不得，这是令人想象不到的一句。同样情怀，更能动人心扉的词还有一首：

浣溪沙

出关后，家无能养花者。腊尽归来，盆梅只一花一蕊，憔悴堪怜，词以慰之

去后寒斋案积尘，庭除依是雪如银，小梅憔悴可怜人。　　半笑半啼应有恨，一花一蕊不成春，那堪吹笛为招魂。

这首词妩媚至极，是张伯驹晚期词作的典型代表。

词所慰藉的是憔悴堪怜的小梅，实际上就是指他自己。他在一首《鹧鸪天》里说：“饱经世事梦催梦，痴望人情心换心。”“浮生不必分真假，似醉如醒直到今。”在《庆宫春》里说：“岁来年去，生别死离，常是牵萦。”在《眼儿媚》里说：“情深千尺，怜春似我，我是谁怜？”

冯其庸在读到这些词后说：“这些话，真是椎心泣血，一字一泪，令天下才人读之，能不放声恸哭！”

再看他的另一首《浣溪沙》：

浣溪沙

雨后残阳噪乱鸦，轻寒楼外柳风斜。小阑独立落藤花。　　酒意渐消知是客，鹃声不断道无家。惹人归梦绕天涯。

这是一首写景抒情词，风景精美极致，澄澈剔透极了，词情却是惨然的。上片写景，疏淡而闲静，然又透露着不安、烦愁和伤感。乱鸦、柳绿，惹人乡思。“小阑独立落藤花”，又很幽静，颇有诗意。上片短短三句，语言平易，环境却很典型，残阳、乱鸦、绿柳、藤花，很多鲜明的意象，其中所包含的苍凉萧瑟的意蕴，自然会勾起沦落天涯的那种孤寂；其实，反过来，景色也是很美的，只是作者心中思乡，景物才带上了离愁的色调。下片由听到悲伤的鹃声,直接抒情,把上片景色中所蕴含的情绪淋漓尽致地宣泄出来。“惹人归梦绕天涯”,把这种情感推向极致。然而家在何处?作者的境况又不同于所谓一般意义上的“游子”,何日是归期?故园还是不是家?不知道,说不定就要在这里工作一辈子了。所以“道无家”更深刻地刻画出作者漂泊他乡,命运飘摇的悲苦。

在这首词里,情和景水乳交融,而又若即若离。如果没有下片的直接抒情,上片的景色也可因人的心境不同而体会不同,如果是安闲独立于自己的家里,享受着小阑藤花轻落,楼外柳丝风斜的景色,不也是很美吗?然而下片的抒情却自然而然地赋上片景色以特殊的含义。这种人生况味含蓄而直接的表达,不能不令人叹赏词人的笔法绝妙,作者所抒发的思乡愁绪,也道出了人人所能理解,但未必能道出的普遍情感。

这首词可以说是张伯驹中期婉约词作的典型作品之一。婉约词的特色就是写景铺叙细腻,曲尽其形,且辞藻华美,抒情委婉含蓄,以情动人,以美取胜,道尽人间之悲欢离合,喜怒哀乐。

终于盼到了1965年,张伯驹已68岁,他忽得一信,自己可能要回北京了,于是,他喜出望外,作词《鹧鸪天》两首:

鹧鸪天

五国边城咽暮笳,斜阳西望是吾家。孟婆倒引船儿转,马上春风入琵琶。　　金缕怨,玉关赊,不须细雨梦沙龙。乌头未白人归去,老眼犹明更看花。

前　调

鱼雁多劳为作媒,他生缘种此生胎,帖金愿许偕潘步,留枕情因识魏才。　　桃脸笑,柳眉开,看人生入玉关来。胡笳休按文姬拍,青冢犹怜梦紫台。

这两首词,节奏轻快,词意欢悦朗畅,一变前调。

张伯驹的《春游词》除许多清新婉转、含蓄蕴藉、寄情深微、饶有情致的词作外，还有风格豪放、气势雄壮的词作，且不说他那首著名的《六州歌头·长白山》中“昆仑一脉，迤逦走游龙。承天柱，连地首，势凌空，耸重重……”气势突起的发语不凡，另一首《鹧鸪天》也堪称壮阔雄浑的佳作：

鹧鸪天

壬寅冬初，独立吉林松花江上看雪

四望迷濛瞑不开，江流一线自天来。衰黄败柳迎风舞，残绿荒沙委地埋。　寒悄悄，白皑皑，粉弓弹出玉楼台。征人情意诗人兴，只少梅花与酒杯。

张伯驹在东北几年间的词作，是其一生词作艺术中最为重要、最为成熟，也是成就最大的时期。其词风由早期的优雅、轻灵、婉转的明快妍丽逐步过渡到悲苦、忧郁、凄楚的沉哀入骨，而又不失优美和委婉。

张伯驹青壮年时代，并没有经历太多的挫折，所以词中有的也只是甜蜜的忧伤，随着被打成“右派”的骤变，及其漂泊出关，亲身体验到人格、精神备受摧折的苦痛和归家无期的离愁，才写出许多真正的感叹人生浮沉、凄凉悲惋的伤情之作。

因此，长春时期是张伯驹词作生涯的一个转折期，一部《春游词》可以说代表了其词作史上的高峰，且较之此前词集《丛碧词》中的咏花吟月、山水寄情，此集中的感情则大为升华。这对了解那一时期的文人心境，也是一方良镜，对认识当时的社会也有参照意义。

冯其庸对张伯驹的《春游词》也有极高的评价，他说：《春游词》的思想深度、感情深度和艺术高度，更胜于《丛碧词》。然而这是以他的苦难、眼泪和性命磨炼出来的。

他为纪念张伯驹110周年诞辰而填作的三首《浣溪沙》，其中两首都是评价张伯驹之高风与《春游词》之才气的：

浣溪沙

才气无双折挫多，平生起落动山河，至今仍教泪滂沱。　国士高风倾万世，魑魅魍魉一尘过，春游词笔郁嵯峨。

读罢春游泪满巾，分明顽石是前身，黄金散尽只余贫。 眼里茫茫皆白地，心头郁郁唯情醇，天荒地老一真人。

“秋碧传奇”

“秋碧传奇”，这是怎么回事呢？“秋”，指的是胡蘋秋；“碧”，就是丛碧，就是张伯驹。“秋碧传奇”就是发生在他们二人之间的故事。这个故事其实就是两个文人之间的诗词交往，但这一故事之所以称奇，是因为二人都堪称中国现代词坛上少有的奇才，甚至可以说，胡蘋秋的词才，并不输于张伯驹多少，只可惜至今没有胡蘋秋词集面世。同时，从这一传奇里，我们也可以看到张伯驹那单纯、痴情的名士生活的另一面，也可以感受到1960年代初期文化界氛围的宽松，可惜，这都是短暂的。“文化大革命”的暴风骤雨已经是“山雨欲来风满楼”了。

其实，人们之所以说“秋碧传奇”，更是奇在胡蘋秋的名字看似一个美丽的女性名字，其实是一个清奇俊杰的男子。

胡蘋秋(1907—1983)，原名邵，别署芸娘，安徽合肥人。早年任职张学良军某部，曾是军人，28岁官至骑兵军少将秘书处长。1949年投诚，任西南军区京剧团导演。20世纪60年代初，为山西省晋剧院编剧，也是京剧名票，又是一位极有才情又勤于吟咏的诗词家。特别是他擅长于模仿才女性情口吻填词，情婉意浓，令人迷惑不辨。

1963年，胡蘋秋与杭州著名词人，也是张伯驹朋友的周采泉开始在福建南平创办的《乐观词坛》有了诗词唱和，周采泉把“蘋秋”误看成“秋蘋”，疑是女词人。胡蘋秋也就将错就错。即以女性身份、口吻继续在《乐观词坛》上发表词作，其才思敏捷，意境之新美，往往令读者拍案叫绝，刮目相看。

福建南平陈守治，字瘦愚，是一位地方贤达，这时，看到了胡蘋秋的词作，认为胡的词作语言优美、清新典雅，珠落玉盘，非常佩服，便回了胡蘋秋一首词：

蝶恋花

代柬芸娘女词家，请加入乐观词坛

绮岁声名高八斗，咳唾珠玑，腾播骚人口。唱彻霓裳三叠后，翻看箫谱填词又。　　我是武夷山下叟，北望并州，天末频翘首。交到忘年称畏友，劝君入社休摇手。

胡蘋秋即刻和词：

蝶恋花

和陈瘦愚先生

能吸西江斟北斗，一纸风行，碑在词林口。不栉偶随逢掖后，下车冯妇凭河又。　　差似小红依石叟。曲误尊前，鬟髻甘低首。不弃寒闺容小友，添香侍砚垂纤手。

这首和词可谓清丽典雅，恰到妙处，尽显一个才女的口吻、风度。这样的"斗、口"韵《蝶恋花》词一出，立即引起了大家的注意和好评。

这时，远在长春的词人张伯驹偶然从《乐观词坛》上读到了陈瘦愚等与胡蘋秋酬唱的"斗、口"韵《蝶恋花》词，若有所思，认为胡蘋秋不愧是才女，词作不凡，于是也写了一首：

蝶恋花

柬胡蘋秋词家

笑挟江河杯酌斗，不栉才人，吐唾珠玑口、寂寞词林千载后，当年漱玉而今又。　　半世春游成一叟，却对梅花，输与东风首。愿结岁寒图里友，扬鏕分作雌雄手。

张伯驹在词中高度赞许胡蘋秋的过人才情，认为是李清照再世，因而愿与其结为词友,并驾齐驱。胡蘋秋其实也早知张伯驹词作的大名,而且知道张伯驹也是著名的京剧票友,于是,也没有多想,便作词回应了张伯驹。张伯驹十分高兴,认为自己结交了一位才女词友,就把自己的词集《丛碧词》寄给胡蘋秋,胡蘋秋读后,就作了一首词回答张伯驹:

沁园春

题丛碧词

满纸秋声,胡为胡来?敢以质君。记《甘州》自寿,生平磊落;《西河》吊古,才略风云。万卷蟠胸,万金结客,公子清名天下闻。风流处,有好花圆月,檀板金尊。　　红桑换世移人,拟皂帽辽东自不群。系故园心眼,几开丛菊;暮年志气,犹向风尘。赤县神州,云鬟玉臂,但铸新词情便真。人间福,被先生占尽,往事休论。

这首词的确写得很好,很切合张伯驹一生的实际,上片是说张伯驹的青年时代及他卓越的词才,下片是写张伯驹出关东北的遭遇,说张伯驹像高士一样隐居在东北,又赞扬了他暮年的大略不凡,的确是对张伯驹生平、心性的深切理解,和对目前处境的深情宽慰,句句知心,字字入情。

张伯驹看了,对胡蘋秋这个心目中犹似李清照的“才女”,更加倾慕和欣赏,于是也作了一首词:

沁园春

答和蘋秋题《丛碧词》

天外飞鸿,书到辽西,但愿识君。忆延秋坛坫,分曹坐雨;展春园墅,按拍停云。焦尾焚琴,断肠弄笛,流水高山久不闻。销魂际,算歌怜玉树,酒泣金尊。　　忽来空谷佳人,似鸣凤翔鸾迥出群。羡阳春郢上,曲高白雪;名泉历下,韵出红尘。风月评量,兰荃契赏,一字千金意最真。吾何幸,得平生知己,馀事无论。

张伯驹本来就是和词的高手,所以这首词也和得很好,特别是可以看出,张伯驹已把胡蘋秋当成了平生知己,而且是一个空谷佳人,岂不人生一大快事。

于是,你来我往,唱和越来越多,情意缠绵,虽不久后发生“文革”,这种唱和也未间断,据说积稿达到三大册,名为《秋碧词》(二人酬唱合集,其名取蘋秋之秋、丛碧之碧)。直到1974年,张伯驹的朋友张牧石(在天津工作)才知胡蘋秋是位男性,告诉张伯驹,说胡蘋秋是位60多岁的男子,而情性笃厚的张伯驹并不相信,后来确知胡蘋秋庐山真面目之后,张伯驹只有付之一笑。虽说是付之一笑,却也未免心有余憾。如果说是传奇,这才是真正的词坛传奇。

后来经词曲家把他们的故事编写成昆曲《秋碧词传奇》时,张伯驹还赞赏说:“三绝于今成鼎峙,桃花扇与牡丹亭。”他竟然把他和胡蘋秋的传奇故事,拿来与孔尚任的《桃花扇》、汤显祖的《牡丹亭》两部传世名著媲美,并誉为“三绝”,幽默中显露出真情。

1982年张伯驹先生逝世后,胡蘋秋写了一首词,悼念张伯驹:

金缕曲

挽张丛碧

自古谁无死?艳春明、夕阳正好,未当归去,早有文章惊海内,共仰词坛盟主。羡俊侣,道升孟頫。悉索家珍归民有,见襟怀如水知东注。怀璧罪,大功补。　　相知廿载交如故。为痴情,欺方负疚,感君曲恕。昨日闻歌犹座上,欲得周郎顾误。盼宠赐,膨褒一语,屡负海棠津门约,悟人生万事归缘数。琴可碎,涕如雨。

上片言张氏之词坛声望、捐献义举,以颂其才德;下片言交往事二三,以涕如雨作结,事实、情真、词雅。此词中有“为痴情,欺方负疚,感君曲恕”之语,就是为自己以女子的假身份与张伯驹交往,而感到内疚。

张伯驹去世后的第二年,胡蘋秋也去世了。

20 世纪 60 年代,张伯驹在长春留影。

艰难岁月

张伯驹在长春的好日子不太长，随着“文化大革命”的爆发，整个社会陷入了狂热和混乱的年代，张伯驹自然再一次成为运动的对象。

“文化大革命”初期有一个响亮的口号，叫作“横扫一切牛鬼蛇神”。首当其冲，被批判、被打倒的，是所谓混进党里、政府里、军队里的“走资本主义道路的当权派”。于是，各级党政领导受到批判，除此以外，就是教育界、文化界、科技界，一些专家、学者被打成“反动学术权威”“牛鬼蛇神”。

社会上还掀起了所谓“破四旧”的高潮。所谓“破四旧”其实就是毁灭中华历史文物和遗址，多少珍贵的文物、书籍以至古墓、历史遗址都遭到了巨大的肆意的破坏。

张伯驹在这样的环境中，自然不能幸免。张伯驹可被批判的理由很多，既属于“反动学术权威”，又可说是“牛鬼蛇神”，总之是属于封建主义的“孝子贤孙”之流，在劫难逃。

张伯驹认为文艺是为了欣赏、陶冶性情。他曾比喻说：“譬如炒了一盘好菜，能表明政治观点有什么问题吗？吃饱了，吃好了，工作有精神了，这就是政治了。”他固守传统文人的节操，不因任何政治风向而改变自己的观念。这种坚守传统文化的精神，成就了张伯驹的伟大。

1966 年 8 月 27 日，吉林省省直文化系统“造反派”在长春市体育馆开会斗争省文化局机关党组书记金树然，张伯驹被拉去陪斗。还有许多文化界的专家、教授被勒令跪在比赛场上。在震耳欲聋的口号声中，“牛鬼蛇神”绕场爬行三圈，张伯驹这位年近七旬的老人当然也被拖着、拉着匍匐前行，惨不忍睹。当他们爬行了一圈之后，示众者中年龄最大的张伯驹完全被甩在了最后面，直到他的两条胳膊再也不能伸屈，终于停在那里一动不动了……人们正在心里嘀咕的时候，突然看到一个彪形大汉快步奔了过去，弯腰就拽住了张伯驹的衣领——于是，此人拖着他，迅速跟在了爬行队伍后面……

此后不久,吉林省、市文化系统又组织了一次全市大游斗,各单位把批斗对象押往省委大院集中。著名戏剧家马明捷说他目睹了这一次大游斗。他说他看见张伯驹拄着一根拐棍,白髯垂胸,面如土色,胸前挂一块牌子,写的什么记不清了,但能远远看到张伯驹被扔上大卡车,然后开上大街。“文化大革命”以后,张伯驹回忆起这一次的批斗,说:“当时长春体育馆跪着陪斗时,我心中默诵佛号。”还是在这次陪斗时,张伯驹腰带上一块汉玉佩被人发现,一把拽去,只留下丝绦。此后潘素一块金表也被北京一所中学造反派一把撸下,据为己有,以至潘素每每说起“文革”时,对这两件爱物被掠夺总感到愤愤不平。

9 月,张伯驹在北京的住宅也被“红卫兵”抄家了,一批珍贵文物被烧毁、砸毁,其中的一部分文物及家具也被扣押转移。

张伯驹看着这混乱社会,惊呆了,愤怒了,也绝望了。这一年除夕,张伯驹百感交集,挥笔写下了《鹧鸪天》二首,其中一首写道:

> 泡影电光七十年,回头万事梦中看。余生身似难回水,已死心如不动山。　残爆竹,剩炉烟,鸡声又是到明天。眼前去住皆无碍,一任人间换海田。

张伯驹感到从未有过的迷茫,他失去了生的信心。

更令张伯驹难以忍受的是,他听到一个更令他心碎的消息,他的朋友陈毅元帅也成了“走资派”,遭到批斗。张伯驹直觉地感到,江青勾结林彪迫害开国元勋,无异于吕后谋害汉高祖的功臣一样,于是,他又填了两首《金缕曲》,其中一句是“更娥姁,牝雉钟室,居心测叵”。娥姁就是吕后的小名,显然是影射江青。

这两首词不料又被“造反派”抄去,说是攻击江青,攻击江青就是攻击无产阶级司令部,于是张伯驹又由“牛鬼蛇神”被打成了“现行反革命”,这可是“文革”中最重的一个罪名。于是,张伯驹被隔离审查了,实际是拘捕,他被关起来了。1968 年秋季至 1969 年春,吉林省文化系统举办了“毛泽东思想学习班”,张伯驹以“专政对象”入班学习劳动。

张伯驹这个人很特别，若是别人，被关起来，成了专政对象，一定是备感屈辱压抑的事情，可他仍然像当年被打成“右派”一样，无所谓，你改变不了他的内心世界，他依然活得开心且趣事多多。当时规定吸烟者需到门外，张伯驹本不会吸烟，但会经常买香烟装在兜里，看见有人外出吸烟，他便借机跟出去也像模像样抽几口，实则是放放风，活动一下。吸烟者没烟了，他会递过去。他特别希望出去散会儿心，又不愿喊“报告”，则常用胳膊肘碰一下身边的人喊，人家一出去，他便跟出去闲聊。

这年冬天，“学习班”破例放了一天假，允许回家住一宿，潘素当时是在长春电影制片厂参加学习班，张伯驹回到家里，空荡荡一个人，自己又从未做过饭，怎么办？只好自己煮粥，买了两根黄瓜当菜吃。水烧开了，米未淘洗就倒进锅里，粥就煮好了。

第二天回去后每人都要汇报回家情况。张伯驹汇报后，还受到工军宣队当场表扬，说张伯驹脱离了“饭来张口，衣来伸手”的剥削阶级生活。

1970 年 1 月，吉林省革委会政治部对张伯驹的问题，终于作出批示，做了“敌我矛盾，按人民内部矛盾处理”的结论，予以退职，并送往吉林省舒兰县朝阳公社插队落户。这一年 3 月，东北依然是天寒地冻。张伯驹拖着病体，和夫人坐在一辆敞篷汽车上，紧紧地偎在一起，身子蜷缩成一团，头发和眉毛染上了一层厚厚的白霜，去往他们插队的地方。

汽车驶进朝阳公社双安大队，一个户数不多的村落。来人帮助他们卸下行李，将张伯驹和潘素留下，作了简单交代后即原路返回了。村里负责人询问两位老人何人是亲属、何人是朋友，他们摇摇头说都没有。“没有亲人，没有朋友，怎么能是投亲靠友呢？”再说这一年张伯驹已是 73 岁，潘素 55 岁，已经失去了劳动能力，一旦他们的退职金用完，谁来负责他们的生活呢？于是，双安大队以他们不符合落户条件为由，不同意落户。

张伯驹夫妇离开双安大队的日子，仍然是寒风刺骨的天气，他和夫人互相搀扶着，孤独地蹒跚在茫茫荒野里，于近处的一个车站上了火车，离开了舒兰，离开了他们生活了 10 年的吉林。从此，再没有归来。

第十讲 桑榆晚景心犹壮（上）

张伯驹一生苦乐兼备、命运多舛；富不骄、贫能安，心怀坦荡超逸，性情博雅通脱，实为旷世之人杰。其传奇一生亦本色一生，富贵一生亦清平一生，清平一生亦词作一生。在张伯驹一生中最大的传奇莫过于传说他因撰写掉念陈毅的挽联而被聘为中央文史研究馆馆员。其实真实的经过不是这样的，同时，张伯驹词作一生，其晚年词作风格的转变也正始于他被聘为文史馆员前后，这一时段他的经历正可谓“山重水复疑无路，柳暗花明又一村”。

这一讲，就讲讲张伯驹的《秦游词》和他受聘中央文史馆的经过。

“秦游”苦情

张伯驹夫妇因乡下不收，只好返回北京，但北京已没有他们的户口，北京也没有他们的粮本，他们已成了标准的“黑人黑户”。张伯驹万万没有想到，晚年会受到如此的不公待遇，沦落到如此地步。好在他手里尚有刚刚发下来的退职金，生活暂时无虑，下半年，夫妇俩又来到了西安，暂住在女儿张传綵家里，尚可度日。

张伯驹是只要有一食果腹，马上便可回到艺术境界中的人。于是，他在西安旧地重游，游雁塔、灞桥、华清池，过杜工部祠，过樊川吊杜舍人，过曲池；中秋则登雁塔看月，登骊山，游秦始皇陵、终南山和首阳山；重阳、除夕、元宵均有词作，即便是平日出游，携外孙女游玩，也是触景生情，张口即词。不到两年时间，又作词成集，谓为《秦游词》。

这一节，我们又讲到了张伯驹的词，此前已讲了他的《丛碧词》和《春游词》。《秦游词》之后，还要讲到张伯驹的《雾中词》《无名词》等。为什么要讲这么多张伯驹的词呢？因为张伯驹一生实质上就是一位词人。

词作，是张伯驹一生艺术成就中第一位的东西，也是成就最大的。张伯驹从青年时代起直到晚年，一直都在痴情追求、创作，并以此来充实他的生命，延续中华传统文化的精粹。而他的文物收藏呢？那是他随机而遇的事业，当然也作出了巨大的成就，而且正是这种巨大的声誉，遮掩了他在词作上的才华和成就。实际上，张伯驹的文物鉴赏和捐献行为到 1964 年便终止了。历史再也没有给他以收藏和鉴赏的机遇。随后而到的“文革”十年，不用说，是把文物列为“四旧”，属于彻底破坏的物品，哪里还谈得上鉴赏和收藏？

改革开放以后，随着传统文化的复兴，文物的价值才又被重新认识，至于 20 世纪 80 年代以后兴起的文物热，有的已沦为一种追求一夜暴富的商业行为了，当然这个时候也有个别珍贵文物的出现，但已很少有像张伯驹那样无私捐献的人了。

张伯驹的《秦游词》在张伯驹漫长词作生涯中，也是一部具有标志性的词集，可以说《丛碧词》是张伯驹前期作品的代表作，是其形成婉约词艺术特色的重要时期。但《丛碧词》所反映的生活内容还不够深刻和宽广，词人的眼光、胸次还比较单纯，因而，所抒发的情感也比较清纯和直接，多为欢快，缺乏沉郁，还处于“绝世天真绝世痴”的阶段。而《春游词》呢？有人认为可以说是张伯驹的后期作品，这样说也可以，张伯驹作《春游词》时，已过60岁，但从《春游词》所披露的作者生活遭遇，以及他的情绪沉郁而充沛，还有他那追求命运转折的期盼和希望，都还属于生命顽强进取年代的反映。因而，可以说《春游词》是张伯驹的中期词作，是张伯驹词作一生的高峰。那么《秦游词》呢？《秦游词》从艺术上当然没有突破《春游词》的成就，它只是娴熟地继承了《丛碧词》的风格和《春游词》的艺术特色，但已缺乏生活的激情，已具有看淡红尘、随遇而安的思想，因此，可以把《秦游词》看作张伯驹晚年词作的开篇。

如果把《春游词》视为词人颠沛流离、风雨交加之时的痛苦悲歌，《秦游词》则是风雨暂缓之后的感叹，对眼前风光的陶醉和对人生的感悟。

张伯驹夫妇去西安时，填作一首《苏幕遮》，其序云：“将去西安女儿家度岁，君坦赠词为慰，答和。”说明了去时的状况和心境：

> 醒晨钟，听暮鼓，盈缺循环，不许长留住。绕树无枝寻一庑，尘海人间，梗泛知何处。　　杏花天，芳草渡，短梦春华，片石还难语。掌上明珠偏爱女，白发飘零，却是归时路。

张伯驹去西安，意在投靠女儿，以了残年，所以心中无尽的辛酸和感慨难以排遣。张伯驹是有儿子的，他儿子张柳溪，在石家庄工作，孙子、孙女都有了，也是一大家子人，生活也不宽裕，但最主要的是和他已经离婚的原来的第三位夫人王韵缃也在儿子家里，他怎么能去呢？除了投靠女儿，别无他途。

到了西安，转眼就是旧历年底，除夕之日已是1971年1月26日，张伯驹一般每逢除夕，都有词作的，这一天仍不例外，连填了三首《鹧鸪天》，其中一首写道：

鹧鸪天

萍梗一家诉聚离。灯前翻觉喜成悲。今朝今夕非长有，明岁明年更不知。　　春浩浩，日迟迟。旧花争自上新枝。人生最是随缘好，半醉全醒各任时。

过春节，却没有一点愉快的心情，明年会发生什么更是心中无数。张伯驹一家是这样，其实处在“文革”时代的家家户户都是一样的，谁也不知道这种日子何时结束，提心吊胆地过着日子。果然，这一年9月13日，发生了举世震惊的九一三事件，林彪竟然一夜之间变成了叛国投敌的敌人，且一家人因飞机坠毁，死在蒙古温都尔汗荒原。紧接着就是“批林批孔”运动的开始，“文化大革命”还在继续。

但是，“人必生活着，就不能时时陷于痛苦之中”。这是一句名言。张伯驹虽然心中有诸多伤心，但只要走进春光秋景、江山胜迹，他还是宠辱皆忘，情绪为之一振，随口诵出奇情华章。

他曾带着两个外孙女去观赏大雁塔，写了一首词：

鹧鸪天

雁塔

曾是高标矗盛唐，僧亡香灭锁空房。鸟音似唪多心偈，萤火还疑舍利光。　　听淅淅，视茫茫，惊风无往渭流长。西来秋色今如昔，不见五陵气郁苍。

这首词追忆盛唐时期大雁塔的雄伟和烟火繁盛的升平气象，感慨世事沧桑，如今僧亡香灭，一片萧索。这当然与当时的政治、文化环境有关。词人面对这一切，难免发出吊古伤感的心情。这首词情景交融，一气呵成，有世事沧桑之感。

张伯驹在西安期间，还有一些气息清新、语言流畅的田园小词，值得玩

味,《杨柳枝》一词,就传递出词人难得的欢愉:

杨柳枝

迷离烟色有无间,夹岸临流水一湾。
雨后登楼时一望,柔条缺处是青山。

最后一句实为奇景,远远望去,婀娜的柳丝缺处,可见青山之苍远,令人顿感壮美,胸襟为之一振。另一首《小秦王》更是淡雅活泼:

小秦王

清溪堤外稻花田,水接源头第一泉。
垂柳阴阴飞白鸟,野风吹破一湖烟。

唐朝诗人王维曾有"漠漠水田飞白鹭,阴阴夏木啭黄鹂"的诗句。此词显然化用了王维诗句,但很巧妙、自然,全词语言欢快,毫无雕琢之感。以景寓情,词人的心绪已从"边塞十年冰雪里,牡丹江上吊词皇"的哀痛中暂时解脱出来。

《秦游词》中还有一个值得重视的现象,即词人向佛思想的出现。这是词人晚年思想和晚期词作的一个重大转变。"佛"为"佛陀那"的简称,乃梵语之音译。"佛"从人从弗:人表意,表示看不清楚;弗表声。佛,表示看不清楚,而想看清楚之意,意译为"觉者""知者""觉"。佛法的真理至深极广,其中最能使人受益者,莫如"止观法门",这里的"止",则是"心止不动"。佛教倡导人们"对一切乐不贪著,对一切苦不厌离"。其宗旨就是"离苦得乐"。

词人这时期还有一首词,感到自己已经到了佛界:

浣溪沙

正月十一日大雪,晨起河边踏雪诵佛

梦里曾于净土行,开门起看尽光明。岸边垂柳鹤梳翎。　天地与心同一白,乾坤着我并双清。万花飞散打身轻。

净土,佛教中指西方极乐净土,清净庄严的处所。

词人夜梦中仿佛看到了净土佛界,早晨开门一看,白雪世界,一片光明。河岸上柳丝静垂,悠闲的白鹤在梳弄翎羽,飘散的雪花轻轻打在身上,简直是一个透明、洁静、宁静的地方。在这个静美的时刻,词人的心与天地同样洁白,这是多么纯净无瑕的境界啊!

这首词里的"天地与心同一白",是自然的境界,也是佛界的境界,自然也是词人向往的人生境界。我们每一个普通的人,或许都会遇到如此的情景,但是否也会有如此的感受呢?那就不一定了。这首词写于1972年年初,正是林彪事件发生不久,人们正茫然不知所措的时候,连两千多年前,一向被人尊敬的孔子也被批斗了,世界上还有真、善、美吗?面对这一切无法解释的社会乱象,张伯驹似乎悟出了什么,竟然能跳出当时的政治氛围,悠悠然地"踏雪诵佛",其思想之超脱,也是难以想象的。

《秦游词》的词风,延续了前期词作的婉丽、哀怨,而又渐变为朴实、疏淡、自然平易的风格。

这一年重阳节后,张伯驹从西安又回到了北京,一到北京,算是再次陷入窘境,没有户口,没有粮本,在那个年代等于无饭可吃。这一时期,张伯驹有一首《渭城曲》很能显示他困顿的情形:

渭成曲

今冬相对无梅,见肆间有小盆。梅初花,欲买囊空无钱,赋此阕

肆间初见小梅姿,风韵依然似旧时。
画图愿买折枝写,无奈囊空惟剩诗。

一辈子清风标举的文人张伯驹,到了这个时候还习惯用诗词来抒发心中的感受。张伯驹穷到了没有饭吃,山穷水尽,依然有心情去欣赏梅花,这种超脱穷困,不改文人情操的幽默也叫人叹服。

张伯驹一生命途多舛,这一次真的陷入了绝境,在他的前面,还会发生什么奇迹呢?在广为流传的张伯驹故事中,1972年年初,张伯驹被聘为中央文史研究馆馆员的经过,就被演绎成张伯驹一生中最大的传奇之一,说是

张伯驹、潘素合绘《秋窗风雨图》。

毛泽东在陈毅追悼会上看到了张伯驹写的挽联，大为赞赏，经询问陈毅的夫人张茜，才得知张伯驹没有工作、没有户口的困难，然后亲自安排周恩来总理关照张伯驹的情况，才使张伯驹进入中央文史研究馆工作。

然而，这不是事情的真实经过。下面，我们就讲一下张伯驹被聘为中央文史研究馆馆员的经过和他此后几年间的生活与创作情况。

受聘文史馆员始末

把张伯驹和毛泽东联系起来，的确富有传奇性，但这不是历史事实，如果任其传说，那么，真实的历史就会变得毫无价值和意义，甚至影响我们对真实历史的认识。

张伯驹其时的处境是一个曾被批判被斗争，又被辞退，没有工作、没有户口，处于“文革”年代最底层的人，是一个“敌我矛盾按人民内部矛盾处理”的人，他写的挽联怎么可能在经过严格的审查之后，还能挂到那么一个国家最高级别的严肃庄重的场合呢？

另外，据《共和国红镜头：中南海摄影师镜头中的国事风云》中毛泽东的摄影师回忆，也没有提到张伯驹写的挽联一事。书中说：1972 年 1 月 10 日，毛泽东午睡醒来，临时决定去参加陈毅追悼会，在追悼会现场被周恩来等中共高层和陈毅家人簇拥，毛泽东慰问了陈毅夫人张茜和陈毅的四个子女，与西哈努克亲王交谈，并在陈毅灵前鞠躬，对于陈毅和邓小平作了相关评价。这一段话已经说明了事实。毛泽东没有巡视会场上摆放的花圈，也没有提到张伯驹。

张伯驹被聘为中央文史研究馆馆员的经过其实是这样的：

1971 年重阳节后，张伯驹夫妇回到北京，因为衣食无着，又无工作，就想到了自己的朋友章士钊，想请他帮助解决问题。章士钊为张伯驹想了一个办法，就是聘请张伯驹到中央文史研究馆工作，因为章士钊当时正任馆长。但这样的大事岂是章士钊能够做主的，需请示国务院并获批准方可。他们商定，由张伯驹给周恩来写一封信，讲清楚目前困难状况，请求解决问题。

此信可由章士钊代转,如周恩来对张伯驹的困难作出批示,问题就好办了。于是,1971 年 10 月 26 日,张伯驹亲笔写好了给周恩来的信,这封信开头写得很客气:

“周总理钧鉴敬启者,伯驹自清末寓居北京已六十年”,接着,张伯驹讲了去东北及被农村退回的情况,信中又说:“我有一女在西安教小学,欲往投奔,小女夫妇月入甚微,无以安排其父母,户口至今仍未解决,溥溥大地,锥无可立,伏乞能饬属准予报入户口,实为至感。”

张伯驹写到这里,不由得动了感情,委屈、愤懑之情溢于言表!“溥溥大地,锥无可立”,偌大的国家,竟没有一个知识分子的立足之地,这能不让张伯驹气愤难平吗?

接下来,张伯驹又详细讲了自己把 8 件文物珍品捐献国家,将李白《上阳台帖》赠给毛泽东,以及后来又陆续向国家、向吉林省博物馆捐献文物的情况。至此,语气一转,写道:“值此盛世,自恨筋力已衰,但爱国之忱,不敢后人,所写虽皆封建遗产,遵循毛主席批判接受,不割断历史之教导,对于历史文物鉴定整理有所需用,自当忘老忘病,勉贡薄知,以报效国家。”

信的结尾又回到请求解决工作的主旨上:“章行严(士钊)先生卓著风义,笃念旧交,因托其转呈此函。毛主席对知识分子政策,不使其无生活出路,不使有弃物弃材,用敢上陈下情,不胜屏营之至,函此,谨致。”

张伯驹果然还是张伯驹,在这一段话里,他照样用语极为怨愤,毫不掩饰地宣泄了自己的感情,说自己成了弃物弃财,且无生活出路。而且,暗含对未做到人尽其才、物尽其用的批评。

用这样的口气给总理写信且直接表达对知识分子政策未能落实的不满,这在当时是非常危险的。

11 月 24 日,章士钊馆长给周总理写了一封短信,并附了张伯驹的信。

周恩来总理收到章士钊的信和转来的张伯驹的信后,迅于 12 月 9 日作了批示:“张伯驹先生可否安置为文史馆员,望与文史馆主事者一商。”

在这里有必要简单介绍一下章士钊,因为章士钊在张伯驹被聘为文史馆馆员的过程中,起到了至关重要的作用。甚至可以说,如果不是章士钊,这封信就未必能够转到周恩来那里。而周恩来那样客气的批示,又充分显示了周总理对章士钊的重视和尊重。那么,章士钊何以在总理面前有这样的情分呢?说来话长。

章士钊(1881—1973)字行严,湖南长沙人,早年即是毛泽东和周恩来的好朋友,是曾给共产党以很大帮助的民主人士,与毛泽东有着良好的私人关系。在1920年的赴法勤工俭学运动中,毛泽东、蔡和森手持杨昌济(毛泽东夫人杨开慧之父)的手书求见当时在上海的章士钊,希望他在资金上予以帮助。章士钊当即在上海积极募捐,将募集的2万银元巨款赠予毛泽东。毛泽东将其中的1万元用于资助湖南赴法勤工俭学的学生,另1万元用于湖南的革命活动。抗日战争时期,他是国民党参政会参政员。1945年抗战胜利后,毛泽东在重庆与蒋介石谈判期间,曾拜访章士钊,章士钊在手心写一"走"字,并附身向毛泽东说:"三十六计,走为上。"劝毛泽东速离险境,毛泽东因之而对章士钊更存感激之心。

1951年,章士钊被聘为中央文史研究馆副馆长,1959年任馆长,不久,毛泽东有一次请刚被特赦的溥仪作客,由周恩来、章士钊等人作陪。席间,毛泽东与溥仪合影,章士钊笑着说:"这是开国元首和末代皇帝一块照像。"说得大家哄堂大笑。由此也可看出章士钊的幽默风趣且与毛泽东的关系非同寻常。

1961年,即在国民经济极为困难的时期,毛泽东以还钱的名义解决章士钊生活的困难,每年支付2000元给章士钊,连续支付了10年。

"文化大革命"开始后,毛泽东要打倒刘少奇,章士钊认为,这样的搞法很不妥当,会把国家搞乱的,于是不顾个人安危,坦率直言,给毛泽东写了一封信。毛泽东接到章士钊的信后立即回信表示:"为大局计,彼此同心,个别人情况复杂,一时尚难肯定,尊计似宜缓行。"

因而可以说,章士钊给周总理写的信虽短,但是极有分量的。

中央文史研究馆根据周恩来的批示精神,立即行动起来,派人前往吉林了解张伯驹和夫人潘素的情况。

根据调查情况,中央文史研究馆即于12月29日向时任总理秘书兼国务院参事室主任的吴庆彤写了一封很短的信函,并附了《关于张伯驹政治历史情况的报告》。

当日,吴庆彤便在中央文史研究馆的信函上作了批示:“同意张伯驹为中央文史馆馆员,请丁江同志批。”丁江在丁江两字上画了圈,并写了“同意”二字。

1972 年 1 月 5 日,中央文史研究馆办公室根据这一系列领导的批示,很快拟出了聘任张伯驹为馆员的聘书草样,并呈送有关领导审阅。

而此时,历史又演出了传奇性的一幕,竟将历史的真实情况给遮盖了。陈毅元帅于 1972 年 1 月 6 日去世,1 月 10 日毛泽东参加了陈毅追悼会。很明显,这与张伯驹被聘为中央文史研究馆馆员的进程时间正好是重合的,这也就为“毛泽东看到张伯驹写的挽联”这一“传奇”提供了时间的“可能”。

陈毅去世的消息是张伯驹的一个朋友吴则虞告诉他的。当时吴则虞和秦力生的女儿同住一院,而秦力生的女儿正是陈毅的儿子陈昊苏的未婚妻。追悼会的前一天,吴则虞告诉张伯驹,请他写一副挽联,张伯驹略一思索,挥泪写下了一幅气壮山河,悲透九霄的挽联:

> 仗剑从云作干城,忠心不易。军声在淮海,遗爱在江南,万庶尽衔哀。回望大好河山,永离赤县。
>
> 挥戈挽日接尊俎,豪气犹存。无愧于平生,有功于天下,九原应含笑。伫看重新世界,遍树红旗。

挽联写好后,张伯驹又托请吴则虞把挽联送到陈毅家里。

但是,张伯驹在 1978 年 5 月 1 日写的《五十年来我的情况》材料中,也确实写道:“陈毅元帅逝世我送了挽联。毛主席、周总理、董副主席看到。问及张茜夫人,张夫人说是陈毅元帅的老朋友,从吉林回来,尚无工作、户口,毛主席对周总理说‘给安排一下’。”

应该怎样看待这一段话呢?我认为,张伯驹请章士钊向周总理转交他的信,自己是清楚的。但信转上去之后,周总理批示及中央文史研究馆具体落实的过程,他就未必完全了解了。他接到聘书的时间确实在陈毅追悼会后 10 余天。所以,对于后来传说是“毛泽东在陈毅追悼会上指示周恩来办的”与“周恩来批示文史研究馆办的”两种说法,也搞不清哪个是对的了,于是就沿用了群众传说这一解释。更何况这种“群众传说”把自己与毛泽东联系起来,更具光环,也无可厚非。只是细细梳理一下,还是周总理指示中央文史研究馆办理一事,有确实的档案材料可作依据,而毛泽东在陈毅追悼会上的安排,终无可靠的资料加以证实。讲解张伯驹,还是不采纳“传奇”为好。

就张伯驹被聘为中央文史研究馆馆员这一过程看,张伯驹是不幸的,又是幸运的。幸运的是他有章士钊这样一个朋友,他的信能够通过章士钊直接转到周总理那里,已是万幸。如果说传奇,这本身才是传奇。应该说,全国知识分子千千万万,在“文化大革命”中遭受迫害,遭受冤屈而失去工作,走投无路者,又何止成千上万,而能够向周总理直接反映情况者,又能有几人?我们如何看待张伯驹被聘为中央文史研究馆馆员一事呢?只能说,这是一个个案,没有普遍性。广大被迫害的知识分子的命运改变,还是等到了改革开放以后,靠大环境,靠国家的政策才成为可能。这就是我们沉痛的历史教训。如果我们以一个不可能发生的“传奇”为事实,并津津有味地加以传说,那么,我们那严酷的历史就因“传奇”而失去了意义。

“寻旧梦,赏新秋”

“寻旧梦,赏新秋”是张伯驹一首词中的句子。如果用这句话形容张伯驹被聘为文史馆馆员后的生活,是很恰当的。

1972 年 1 月 21 日,张伯驹在生活极度艰难之际,接到了中央文史研究馆的聘书。当他持聘书到馆报到时,章士钊以微笑欢迎老友的到来。

这一年的除夕,张伯驹的心情是颇为复杂的,他填了两首《鹧鸪天》,其中一首写道:

鹧鸪天

生也有涯乐有余,花明柳暗识长途。琢残白玉难成器,散尽黄金更读书。　　梅蕊绽,柳枝舒。故吾镜里看新吾。眼前无限春光好,又写人间一画图。

苦尽甘来,一腔喜悦,我一生难成大器啊,尽管穷困,唯一的嗜好还是读书,好在眼前春光大好,新的生活又开始了。

张伯驹又有了做学问的保障和心情,因为人必须有饭吃,有住处,然后才可能谈别的。

张伯驹进入了中央文史研究馆,等于是进入了"避风港"。

中央文史研究馆是毛泽东亲自倡议设立的,是为德高望重、生活困难的老学者设立的,是一个具有统战性和荣誉性的文史研究机构。受聘者都是耆年硕学之士,其中有前清的探花、翰林、进士、举人,有文史研究方面卓有成就和影响的学者。他们进入文史馆后,可以继续研究著述或挥毫泼墨,或吟诗作赋,然工作节奏并不紧张。

杏花开时,张伯驹与他的朋友黄君坦去大觉寺赏杏花,当即填词一首:

瑞鹧鸪

与君坦游大觉寺看杏花

大觉名存地已非,重游忍共泪沾衣。故人多向花间尽,新燕仍来幕上飞。　　依旧芳林红作阵,不堪宿草绿成围。欲归似道时还早,恋我残明是夕晖。

词人故地重游,虽是"依旧芳林红作阵",杏花喧闹,纷繁怒放,心花为之狂喜,但想到旧日的友人一个个离去,坟墓上绿草茂盛,不免生出年老弃世之念,但夕阳无限好,我还是要生活下去啊,灿烂的云霞还在留恋着我呢。

张伯驹对过往的岁月,余悸未消,但对未来的生活又充满着浪漫的希望。张伯驹依然是一个纯粹的,既虚无而又达观,心地善良,禀性难移的文人。

有了劫后余生的坦然处境和赏美的心情,张伯驹的词情又如老树新花一样,生机勃勃,开出一片灿烂。

张伯驹 1972 年的词也都收到了《秦游词》中,到 1973 年,词人一年间又作词100多首,就起名为《雾中词》。为什么称之为《雾中词》呢?既是意有所指,也是妙语偶得,一语双关。实际情况是1973年他眼睛得了白内障,视觉不清,只觉得看花犹如在雾中,朦胧模糊。由此,他联想到自己的一生,“余已在雾中,而如不知在雾中,即在雾中,而又如不在雾中。佛云:非空非色,即空即色,近之矣。余雾中人也,词亦当为雾中词,因以名余集”。

张伯驹的这个序写得挺美,并不亚于《春游词》的序。《春游词》序说:“人生如梦,大地皆春,人人皆在梦中,皆在游中,无分尔我,何问主客,以是为词,随其自然而已。”

两个序的意思和人生感想一脉相承,似佛似禅,“人生如梦、似真似幻,一切如烟云过眼,又四大皆空”。这实际上仍然反映了张伯驹一生心地纯洁,丝毫没有世俗的观念。也正因为张伯驹的善良纯朴,才最终塑造了他那“天荒地老一真人”的传统名士形象。当然,张伯驹也不是一个远离红尘的,对世事漠不关心的人,他那热爱传统文物,保护历史文物的爱国情怀,对人一片热忱之心,都是崇高的、令人景仰的。

还是说张伯驹的词吧。词作,才是张伯驹一生生命精彩的呈现。可以说,如果没有了词,张伯驹的生活将如一潭死水,毫无意义和生气;而有了词,张伯驹的生活和生命则如奔流的溪水,一路欢歌,浪花朵朵,给人以希望的活力和美好的意蕴。词作,极大地充实提高了张伯驹的人生品位。

1973年海棠花开时节,张伯驹有一首词,表达了他沉浸在大好春光里的欢悦心情,已没有了1972年年初那种“乍暖还寒”的感慨。

鹧鸪天

天津金钢桥花园对海棠

无限妖娆拥紫云,迷离眼外看横陈。虽经烧烛难为夜,不到倾城不是春。　　词一叠,酒三巡。这时未醉已销魂。自家镜里知妍丑,遮面羞来对美人。

词人把海棠比作美人,面对海棠,还有些不好意思呢!

“鹧鸪天”音韵抑扬顿挫,短促有力,适宜表现欢快的情调。在张伯驹的词集中,“鹧鸪天”是用得最多的词牌之一。

词人有了这样的心境,即使是看到容易惹人惆怅的秋景,也自有一番澹静深远、清幽绝俗、孤高悲壮的心绪。请看他的一首《浣溪沙》:

浣溪沙

癸丑重阳独登陶然亭

老眼迷离不见山,江亭独自倚阑干。霜风凄紧雁南还。　旧雨都随衰苇尽,小塘犹剩败荷残。香魂鹦鹉两无言。

这是1973年重阳节时,作者登陶然亭后填作的词。旧雨,是老友的代称,往日的朋友大都离开了人间,小塘荷叶已显残败,鹦鹉冢和赛金花的墓都悲凉沉静,词人面对此境,心中涌起一种悲壮、孤傲和倔强的精神,却不见那种传统的伤春悲秋的情绪。

再看他的一首《小秦王》。

小秦王

雪中登雁塔

茫茫天地接空濛,独倚危阑望欲穷。
雾眼浑疑春已到,飞花飘絮满关中。

在这里,我们感到词人已经站在终极审美的高度,寄情山水,具有“独与天地精神相往来”的广阔而深邃的胸怀。

张伯驹的《秦游词》是1970年至1972年间的词作,我们称它为张伯驹的词由中期向晚期转变的作品。那么,1973年的《雾中词》则是完成这一过渡后的词作,是张伯驹晚年词作的一部代表性词集。这部词集在思想上是安祥的、超脱的,情绪是轻松的,向佛的思想更加浓厚。在艺术方面,这部词集承继了早期的柔婉清丽、明快活泼,中期的沉郁凄凉、悲伤幽怨,那么到了这个时期,已是风雨过后的旷达、安逸、自然,词也是随心而作,更少雕琢。此后,1974年词人再集《无名词》,1975年集《续断词》。

《无名词》《续断词》都是《雾中词》的延续和发展,词人在逐步结束词的吟唱。

请看《无名词》中的两首《小秦王》。

小秦王

和君坦。去西安前,携外孙女游紫竹院

沿堤暑雨长蒹葭,万柳垂阴水一涯。
何处更寻干净土,白莲花里是吾家。

这首词里提到的“干净土”“白莲花”,都是佛教里的常用语,莲花就是佛的象征。这首词明显地显示了张伯驹犹如淡出了红尘中喧嚣、折腾、无谓争斗的处境,而转向于纯净、自然、太平、极乐的佛的境界中。这种心情在另一首《小秦王》中表现得更加明显。

小秦王

清泉汩汩净无沙,拾取松枝自煮茶。
半日浮生如入定,心闲便放太平花。

我们真切地感到张伯驹晚年生活的洒脱,词人已变成与世无争的高士了。这首词也代表了词人晚年词作流畅清新、直抒胸臆的风格。

《续断词》是张伯驹的最后一部词集,他在汇编《无名词》时已表明:“余甲寅词名无名词,意在知止而止,不以无名而求名好名,此后不再为词。”但他“缘之未了,情之尚在”,他是一个天生的词人,词作就是他生命跳动的音响和倾诉,所以,还是断断续续地有词作出现,于是又有了《续断词》,但1975年后,词人的确进入了散淡的暮年,虽也时而有诗、词吟诵,但难以成集了,在词作上逐渐封笔了。

第十一讲 桑榆晚景心犹壮（下）

张伯驹的晚年生活正可谓“枯木逢春”，重焕生机，繁花似锦。这一切正是得益于“改革开放”开启了历史的新纪元。用他自己的词说，就是“韶华无限随时改，又南窗、梅花积雪，春光重届。福分风流都占尽，就老去，好好先生在。”

张伯驹晚年生活平静安详而又紧张繁忙，他既重新执着于传统文化艺术的发扬光大，又关心着祖国的前途和台湾的回归大业。

《红毹纪梦诗注》

《红毹纪梦诗注》一书是张伯驹1974年间的一部作品，我们在第六讲《此曲只应天上有》中已讲到了，但那是从张伯驹对京剧研究的角度讲的，在这里，我们从张伯驹诗词艺术的角度再讲一下。

这部书是张伯驹回忆自己自7岁以后所看京剧和其他地方戏，以及自己所演戏曲的情形和心得。可说是从看戏、学戏，到演戏、论戏，再到记剧坛掌故、剧人动态，兼及社会岁月的可读性很强的一部书。每首诗的语言都明白晓畅，具有以韵语记常事的特点，每首诗下都附有或详或简的注释，这注释堪称一段生动有趣的小故事，或议论风生的小品文，让人读起来津津有味，或会心一笑，或啼笑皆非，但从笑声中又有所感悟。

先来看这样一首：

是真是假两无疑，台上如疯台下痴。
台上演来头与尾，不教台下事先知。

诗后注道："演戏本以假写真，但演者观者皆不必问是真是假。演者如疯子，以假作真者演；观者如傻子，以假作真者观。台上演第一场，不能使台下知第二场为何事，始多兴趣。"这是对戏剧的物质和艺术手段的概括，形象生动，揭示深刻。

再看一首：

明朝行色正仓皇，十老安刘演一场。
虽是同台还不识，回头已换几沧桑。

诗后又注道："……回西安前夜，值张伯苓六十寿日，约我必为演戏，乃仓促间演《盗宗卷》一场，配饰陈平者亦不知为何人。后于役长春，遇吉林省京剧团长丁鸣岐,彼云:昔在重庆,曾饰陈平,陪余演《盗宗卷》。昔同台不相识,而于三十年后相见于异乡,沧桑已几换矣。"

你看,这些诗浅显易懂,如口语一般流畅,但又毫无粗俗、浅薄之感。

就是这样的一部书,于1978年首先在香港中华书局出版。1980年代初,吴祖光从香港将此书带回,希望能在内地出版,但有关方面认为:这是在用没落的情绪去看戏。这样的书,怎么能出版呢?直到张伯驹去世后的第6个年头,即1988年3月,才由宝文堂书店出版。要说,这件事也堪称传奇。

另一桩与这本书有关联的事也堪称传奇,也是许多人不曾想到的,即北京大学教授吴小如依据《红毹纪梦诗注》一书,写出了《读〈红毹纪梦诗注〉随笔》,全文50余节,3万余字,对张伯驹书中的50则"诗注"再加注释和补充,堪与张伯驹的《红毹纪梦诗注》媲美,可谓双枝并秀,成为中国戏剧史和当代文坛上的一段轶事和佳话。

原来,张伯驹与吴小如的父亲同岁且相知。1944年,吴小如在天津私立志达中学任教,张伯驹之子张柳溪正是吴小如的学生。由此,吴小如常到张伯驹家,交谊日深。1951年后,吴小如又调到北京燕京大学任教,他初到北京,妻儿无处安顿。这件事恰好被张伯驹知道了,就主动提出把自己居住的承泽园西北角上一座藏书小楼中的两间空屋借给吴小如住,不收分文房租。每提起这件事,吴小如总是感慨地说:"先生总是助人为乐,从不挂于齿颊,仿佛行其所无事,每思先生慨允借屋之事,令我没齿难忘。"只是1957年张伯驹被打成"右派",并赴东北以后他们才失去了联系。

1982年8月,吴小如的朋友黄港生从香港给他寄来一本香港中华书局1978年版的《红毹纪梦诗注》。吴小如看后,称此书"中多梨园史料,足以传世",然又觉得张伯驹所录往事间有讹漏,于是引发联想,也回忆起自己当年听戏往事,对张伯驹诗注的讹误之处再加注释和引申,于是成了《读〈红毹纪梦诗注〉随笔》,收录在中华书局1984年出版的《学林漫录(九集)》之中。且看此文中的第一节文字,便可知本文内容的丰富和语言的精彩:"小如按:伯老生于一八九八年,虚岁七岁,则为一九〇四年,所谓大喊'闪开了'云者,乃此戏豹精变俊武生之前所念,非后场开打亮相扔叉时的台词。伯老所说盖略有误。杨小楼一九三七年春,在北京长安戏院演《金钱豹》,乃彼最末一次演此戏矣。大喊‘闪开了’之后，穿开鲨翻一虎跳下场，干净利落，精彩绝伦……”

天津、河南参观游

张伯驹进入中央文史研究馆以后，其工作和生活都是轻松的、愉快的，没有压力感，没有指标性的任务，可真是随其身心能力去发挥余热。同时，中央文史研究馆对这些馆员也是非常尊重、关心的，尽量地安排好他们的工作、生活和娱乐，也会组织他们适当参加一些社会考察、参观活动，以增加他们的见闻，扩大他们的视野，激发他们对时事政治的关心和对社会生活的热爱之情，以利其身心健康。1975 年，就有了一次组织馆员参观、考察社会的活动，这是张伯驹文史馆馆员生活中一个重要的有代表性的事件。

1975 年五六月份，张伯驹参加了由国务院组织的中央文史研究馆馆员参观天津、河南的活动，进行了一次久违的特别舒心的旅游。一路上，饮食、住宿接待都很好，张伯驹情绪高涨，写了《天津参观纪事诗》16 首、《河南参观纪事诗》43 首，一共 50 余首，可见其宝刀不老，诗情仍如井喷，文思之敏捷，出口成章。他在一首诗中写道："归来自觉年翻少，万象皆新现眼前。"还在"注"中说："走了 7 天，每天都是高兴地回来，不唯不感觉劳累，反而好像自己年轻了，眼前觉得万象皆新。"

张伯驹的《天津参观纪事诗》，首首充满了欢快和赞叹。他在一首诗中写道："光阴一刻值千金，白发回头感慨深。二十五年新种树，绿杨大道夏成荫。"他在天津参观了港口、油田和小靳庄。在小靳庄他写了 5 首诗，其中一首写道："满野黄金未有涯，风来麦浪落轻花。人人描写丰年好，尽是诗人与画家。"他在"注"中说："我们参观小靳庄，正是麦子将熟的时候，麦穗皆已发黄，如黄金满野，一望无际。微风吹来，麦浪重叠，大队干部社员都能作诗、作画。"

这首诗与当时小靳庄"响遍全国、红遍全国"的背景是有关的。当时，小靳庄是江青搞的一个点，用今天的话说，就是一个假典型。全村人作诗作画,搞得“轰轰烈烈”,但其实就是根据政治需要编出的顺口溜,俨然一派“莺歌燕舞”的景象。这一切都是刻意人为的做作。走马观花来参观的人是很难了解内情的。张伯驹当然受到了感染,自己诗词一生,如今“尽是诗家与画家”了,他能不高兴吗?

他在另一首中写道:“须眉一样气纵横,四德三从破锁绳。今日我就当日我,只因批透女儿经。”他在“注”中说:“街道居民女同志表演歌舞,有的二十几岁、有的四五十岁,唱演街道新事物。她们态度从容,毫不怯场。过去妇女受压迫,为旧礼教所束缚、今天的妇女已非当年的妇女,她们批判了孔孟之道,打破了三从四德的绳锁,批透了女儿经毒草,思想面貌一新。”

这首诗是很有意思的,“今日我就当日我”,完全是张伯驹一生个性的自我写照,用在这里却也活灵活现地展现了新时代妇女扬眉吐气的豪情。但他称赞“他们批判了孔孟之道”,这也是有其特殊历史背景的。从 1973 年开始,“批林批孔”,孔子被贬称为“孔老二”,孔孟之道是被彻底否定的。

孔孟之道被彻底否定当然不对。然而,中国的封建文化中也确有糟粕的东西。只是“文化大革命”彻底否定中华传统文化,是一种不加区别的一概否定,这种否定其实是一种政治的需要,就是“批林批孔批周公”,意有所指。而全盘否定传统文化,并强加“封资修”的罪名,则是民族传统道德、文化的倒退。但在当时“无产阶级专政下继续革命”的形势下,在所谓“新文化、新风尚”全面占领社会主义阵地的口号声中,作为生活其中的人,不管内心是否有真正的质疑,但在思想感情的表现上是很难做到特立独行的,甚至于是自觉不自觉地受其浸染,顺从并赞美这种形势了。所以,张伯驹在这里也称赞“他们批判了孔孟之道”,也就不足为怪了。但他不赞成“三从四德”,反对封建道德的观念仍是一贯的,是值得赞赏的。

从天津回来不久,他又随队参观了河南,到河南主要是参观红旗渠,农村麦收景象和历史遗址、文物。这都是他感到新奇和深深爱好的,所以,他的《河南参观纪事诗》更加自然和优美,更多了文化底蕴。

在河南,他们一路风尘,先后到了林县、辉县、新乡、郑州、洛阳等地,参观红旗渠,身临黄河水,遥望了麦浪千顷,漫步在街头绿荫,又香山怀古,铜驼巷凭吊,既感振奋,更有感慨。

一路上，张伯驹诗兴大发，触目皆景，挥笔成诗，一下子写了即兴之作几十首，令人拍案称妙。张伯驹的这些旅游诗虽称不上工丽优美，但也清新自然，明白如话，直陈所见，情感沛然，且每首诗下均有解说，颇有情趣。

入河南第一首诗便写道："西接太行南大河，无边无际尽嘉禾。麦秸垛垛闻啼鸟，处处丰收处处歌。"诗下注道："六月二十日去河南参观，晚上车即睡，四时醒，已入河南境。见西接太行山，南临大河，无边无际，小麦丰收，闻啼鸟声，鸟无名，其叫声似乎麦秸垛垛，我乡农民即以'麦秸垛垛'称之。"张伯驹自小在河南乡间长大，儿时麦收风景重现眼底，自然是倍感亲切。

到了洛阳博物馆，张伯驹这位文物收藏家面对文物，自然是触物生情。他看到一面唐镜，随口吟道："宝镜团圆美绝伦，光华螺黛嵌云纹。遥知七夕长生殿，细盒金钗贮誓文。"张伯驹又在诗下注道："洛阳博物馆有一唐镜，花纹美丽，并嵌极薄之螺钿，发现嵌螺之镜，只此一个，极为珍贵。展出者为复制品，原品已调去故宫珍宝馆。想唐明皇、杨贵妃于长生殿七夕密誓，所谓之钿盒亦当似此镜，又花钿为妇人面饰，见白居易长恨歌'花钿委地无人收'，此亦见先代劳动人民工艺创造之精。"

这就是张伯驹，他那丰富的文博知识和诗作才华，随时都能巧妙地化为一体，给人以艺术的美感和历史的感悟。

千秋一寸心

"文革"终于结束了。

1979 年 3 月，张伯驹被错划为"右派"的问题得到了平反纠正，他也拿到了政府补发的工资，这个时候，他才真正过上了一段舒心的生活。第一件事情就是还清当年困难时借的款，再就是和朋友聚会表示感谢。周末应该是那一段岁月里少有的欢乐时光，就是雅集，约好友们一起下棋、唱诗填词、谈论画艺，中午大家一起下馆子吃饭。有时候也在家里宴客，每次菜单都必须由张伯驹亲手执笔，开宴的头天晚上就会和潘素商量，务必照顾周全。当时餐桌上的人也都是学问大家，聊的话题都是品评各人的作品。

1980年,张伯驹和丁至云(左)在天津演出《打渔杀家》,张伯驹饰萧恩,丁至云饰萧桂英。

1980年以后,随着传统文化的复兴,张伯驹又与周汝昌、夏承焘联名,撰写了《成立中国韵文学会倡议书》,又亲自执笔给时任中宣部副部长兼文化部部长黄镇写了一封信。

去文化部送这封信,张伯驹是让外孙在寒风中用自行车驮着去的。到文化部时还不到上班时间,张伯驹就坐在台阶上等着,为着中华文化,张伯驹就是这样执着。

等到韵文学会的事情基本办妥的时候,已到了1982年年初,张伯驹已病重入院了,他的学生周笃文在他耳边告诉他这个喜讯。周笃文抑制着自己的眼泪,声音哽咽地告诉他:“您努力了很长时间的韵文学会,现在已经批下来了,快要开会了。”张伯驹点点头,已经不能说话了。

1984年,韵文学会在湖南湘潭大学成立,创办了《中国韵文学刊》——这是新中国成立以来第一个由民间发起的有关中国韵文研究的学会组织。

这一时期,张伯驹最热心的事还有戏剧。1980年,张伯驹和丁至云在天津演出了京剧《打渔杀家》。此时的张伯驹已经83岁,但从此次的剧照看,他身段稳健,神情肃穆专注,其英武气概不减当年,很难让人相信这是一个80多岁老人的扮相,这次演出,是张伯驹“名票”生涯的圆场之作。

转眼间就是1981年元宵佳节,民革中央和中山书画社举办了一次聚会。会上邀请的有刚从美国回大陆探亲的黄花岗烈士方声洞的胞妹、著名画家方君璧女士,张伯驹闻听非常高兴,马上会见了方君璧女士,并即席填词一首:

浣溪沙

玉镜高悬照大千,今宵始见一年圆,银花火树夜喧阗。
隔海河山同皎洁,阋墙兄弟早团圞,升平歌舞咏群仙。

词中流露出老人切盼祖国统一的渴望,方君璧女士带头鼓掌,张伯驹欣慰地笑了。

此后,张伯驹夫妇与海外朋友如张大千等多有交往,其影响也在不断扩大,张伯驹深受海内外各界人士的尊重。

可惜的是“夕阳无限好,只是近黄昏”。1982 年春节,张伯驹突发疾病,住进了附近的北大医院。病来如山倒,张伯驹连日昏迷,七八日后病情方有好转,那一天是 2 月 25 日(农历正月二十二),正是他 85 岁生日。

上午 10 时,有人来访,医生劝阻说,病人情况尚不稳定,不宜见客。但张伯驹还是从病床上挣扎起来,因为这位客人是远道而来的张大千的孙子张晓鹰。第二天他就要远赴美国,这次是奉祖父之命特地来看望张伯驹的。

客人走了,张伯驹仍然思绪难平,自从中华人民共和国成立前夕他与张大千握手话别,已经 30 多年了啊,他们只能隔海相望,祖国,何时才能统一?到了生命垂危的关头,张伯驹想的还是祖国的统一大业。张伯驹夫妇与海内外人士的交往活动,渐渐为世人所瞩目、所称道。

下午 1 时,张伯驹诗思涌动,他又有了诗作。这时正好《文物天地》主编、他的朋友王禹时来看望他,老人就请他帮助,录下了一首七律和一首词《鹧鸪天》,这是张伯驹留下的最后一诗一词:

七律

病居医院

张大千兄令长孙晓鹰赴美,

来视并拍照,因寄怀大千兄

别后瞬经四十年,沧波急注换桑田。

画图常看江山好,风物空过岁月圆。

一病翻知思万事,余情未可了前缘。

还期早息阋墙梦,莫负人生大自然。

鹧鸪天

病居医院至诞辰感赋

以将干支斗指寅,回头应自省吾身。莫辜出处人民义,可负生教父母恩?　儒释道,任天真,聪明正直即为神。长希一往升平世,物我同春共万旬。

张伯驹此时还在期望着祖国统一，还在想着人民对他的好处，他留恋祖国，留恋这个日渐繁荣昌盛的社会，他在祝福祖国万代千秋，盛世太平。

1982 年 2 月 26 日上午 10 时，张伯驹还是带着他的满足，带着他的遗憾，溘然长逝。

张伯驹高举传承中华传统文化的大旗，孤独而坎坷地走完了他的一生。他的经历，彰显了中国传统文化的魅力，他不愧为 20 世纪中国文化界上青青碧色的劲柏苍松。

第十二讲 国士高风倾万世

判断一个伟大人物、卓越人才的标准，还不能仅仅看其一生事业方面的成就，还要看其品德和人格，因为一个人的人格和品德并不总是体现在杰出的成就里。我们之所以说张伯驹“国士高风倾万世”“天荒地老一真人”，或者赞颂他“百代高标，千秋丛碧”，就主要是从他的人格光辉来说的。

讲张伯驹的人格光辉，还要先讲什么是“痴”，冯其庸评价张伯驹是“绝世天真绝世痴”，而许多人也认为张伯驹的诸多行为达到了“痴”的程度。那么，什么是“痴”呢？极度迷恋以至于精神迥然于常人者谓之“痴”。作家李辉在《文人的痴》一文中写道：“痴是陶醉，痴是达到几乎物我两忘的程度，痴就是一种境界。”

明白了什么是“痴”，我们就明白了张伯驹“绝世天真绝世痴”的痴情和人格光辉。

士的风范

张伯驹的人格光辉首先表现在他具有士的风范。他不愧为中国传统文化中所说的名士。

什么是士？就是勇士、壮士、战士，就是君子。本来，这都是很崇高的称呼，只是在我们平常生活中被普通化、习惯化了，其实，要成为一名真正的战士、壮士，是并不容易的。那什么是士呢？士从一从十，就是说做事情始终如一。后来，士的含义就演变成一个人在人格、名望、风骨气节及学识才能等方面都有突出的表现，成为对优秀知识分子的泛称，具体说来，就是要具有“威武不能屈，富贵不能淫，贫贱不能移”的品格。

张伯驹做到了这些。我们举几个例子：

1941 年，张伯驹被匪徒绑架，被关押起来长达 8 个月。其间，绑匪要 200 根金条，这可不是个小数字，张伯驹气极无奈，绝食多日，已昏迷不醒。在这种情况下，绑匪就叫他的妻子潘素前来见他。潘素见他被折磨成这个样子，痛哭不已。可张伯驹并不在乎自己被绑匪随时撕票的危险，反而生怕潘素为了凑足赎款卖掉《平复帖》等珍贵书画。他悄悄地对潘素说，宁死魔窟，也不许变卖文物。张伯驹说他爱书画胜过生命，他曾说过：“要我的命可以，就是不能动我的字画。”看来果然如此。后来，潘素一听到人家劝她去卖文物以筹赎款的话，她就断然谢绝：“我不会为救丈夫去卖《平复帖》的，没有人比我更了解伯驹了，在他眼里，《平复帖》重若生命，假如卖了此帖，又不幸流失国外，即使他得救了，也将心如枯槁，他说那样活着还有什么意义，岂不成了千古罪人？假如实在救不了丈夫，我认命，大不了与他九泉下相会。”

这就是张伯驹士的风范。孟子曾经说过：“生亦我所欲也，义亦我所欲也，二者不可得兼，舍生而取义者也。”张伯驹的这种作为，就是舍生取义、杀身成仁的硬骨头精神。

1945 年，抗日战争胜利以后，在北平故宫太和殿举行日军投降仪式，国民党第十一战区司令长官兼河北省政府主席孙连仲邀请张伯驹观礼。提起孙连仲,可是张伯驹的老朋友了,而且,孙连仲家的钱也就存在张伯驹所在的盐业银行里。

仪式之后,孙连仲找到张伯驹,告诉他,蒋介石亲嘱孙连仲可亲自挑选任命石家庄市和唐山市市长。他想把这一份人情送给张伯驹,由他自挑一个市长当当。不料张伯驹明白了孙连仲的"美意"之后,并不领情,反而淡淡一笑:"什么肥差我都没有兴趣,小弟闲云野鹤,最怕名缰利锁,平生只爱收藏字画,作诗填词,实在不会做官。"一番话说得孙连仲大失所望。

张伯驹一生就是这样,视金钱如粪土、权力官位如浮云。这是一种典型的中国传统名士的风范。

如果说这种名士风范在大是大非、利益诱惑面前还能做到的话,那么,在全国舆论风潮都认为该做的事情上,张伯驹还能够不为世俗所动,不为形势所迫,仍然我行我素,那就更是难能可贵,更加是"士"的风范了。

1957 年,反右派运动中,张伯驹因为坚持演出传统古装戏《马思远》,被打成了"右派"。上级让他检讨,他坚决不检讨,结果是召开一场场群众大会,逼他检讨,甚至有人发言羞辱他,说他什么名演员,唱戏声音低得像蚊子叫,引得哄堂大笑。就是面对这样的批斗大会,无论扣多大的帽子,什么"与党作对,与群众作对""反动透顶"等大帽子,都不能让张伯驹屈服,他认为自己是在坚持中国传统文化的精华,没有什么错,就是不检讨。

张伯驹被打成了"右派",赋闲在家,只是每周需要到北京市民盟学习一次。有一次学习,领导勒令他写检查,检查他当"右派"的错误及学习的心得体会。张伯驹坐了一个上午,一个字也没写,看着一张纸上一个字也没写,甚觉可惜,结果是灵机一动,就在稿纸上画起了兰花,还配了一首诗:

湖波渺渺怨灵均,翠竹黄陵伴梦温。
独抱孤防空谷里,任他桃李自成春。

灵均就是屈原的字。原来,张伯驹想到了伟大的诗人屈原,他是否在自比屈原,不好断定,但他那"任他桃李自成春"的含义是一目了然的,任凭政治风云阴晴变幻,任凭他人斗艳争荣去吧,我还是我,一如空谷里的兰草。

1978 年,张伯驹在北京后海寓所花棚下留影。

张伯驹这种宁折不弯的士的精神、士的风范，是难能可贵的。

家国情怀

张伯驹一生是热爱祖国的，一般人极难做到的事情他都做到了，而且觉得这都是平平常常、应该做的事情，而越是这样，越是尽显他的爱国情怀。这方面的例子很多，这里仅举几例吧。

其一，1948年年底，解放军包围北平之后，时局紧张。曾任燕京大学校长的美国驻华大使司徒雷登询问张伯驹，因为张伯驹此时正任燕京大学中文系文法教授，所以与其相熟。司徒雷登要张伯驹带着他的文物到美国去，待时局稳定之后再回国。但张伯驹婉言谢绝，声称绝不把文物带出国门，他曾说过："予所收蓄，永存吾土。"他三求《平复帖》，举债购买《游春图》等，不都是为着不让这些国宝流到国外吗？

其二，1948年冬，北平已经被解放军包围，如果攻城战斗一旦打响，北平城将玉石俱焚，北平人民及中国历代保存下来的文物珍宝将遭受巨大损失。为此，张伯驹坐卧不安，毅然投入到和平解放北平的活动中。当时，国民党守城将领是傅作义，而张伯驹与傅作义的高级顾问侯少白、邓宝珊相熟，张伯驹就多次通过侯少白、邓宝珊做傅作义的工作。张伯驹知道傅作义喜欢梅花，为了接近傅作义，他特意挑选两盆自己培育的梅花，亲自送到傅作义家中，傅作义十分高兴。张伯驹就趁这个机会，再次劝说傅作义接受和平解放北平的倡议。对于张伯驹的劝说，傅作义十分尊重。可以说，张伯驹为和平解放北平，也是作出了贡献的。这是其爱国精神的突出表现。

其三，1956年年初，国家为了加快经济建设，决定发行国债，号召大家购买以支援国家建设。上级动员以后，张伯驹也很想买公债，但张伯驹因为近年屡收宋元巨迹，已经没有钱了，甚至到了举债度日的地步。可买公债就是爱国行为，总不能不买吧，于是他和夫人潘素商量，最后决定卖些字画给国家，再用卖来的钱买公债。

应该说，把自己保存的文物珍品卖给国家，已是爱国行为，用卖来的钱购买公债,也同样是爱国行为,那么,为什么张伯驹由卖字画最后变成捐献呢?原来,这与他收藏文物的初心有关,他收藏文物的目的就是要把这些文物永远为祖国所拥有,他原来就有最终要把这些文物捐给国家的心愿。现在,这一机会有了,正可以提前捐出去啊,如果是卖,不就与自己的初心不相符吗?于是,他毅然决定,把《平复帖》等最珍贵的8件文物无偿地捐给国家。张伯驹捐出这些文物以后,又曾对民主人士章伯钧说过一段话:“不知情者,谓我搜罗唐宋精品,不惜一掷千金,魄力过人。其实,我是历尽辛苦,也不能尽如人意。因为黄金易得,国宝无二,我买它们不是为了钱,是怕它们流入国外。”

一片爱国之心,赤诚可鉴。

赤子之心

什么是赤子之心?就是童心,纯真不伪,本色自然。就是一颗率真、善良、热爱生命的伟大之心。“含德之厚,比于赤子”,即是说,这种单纯的心,本身就是一种美德。

张伯驹就是少有的具有赤子之心的人,其心之赤,达到了“痴情”的程度,可说是“绝世天真绝世痴”。张伯驹一生爱养猫,他有一幅抱猫的照片,很多人都熟悉这张照片,这张照片也就成了张伯驹心性的标志,他说:“猫比人好,世人多虚伪,不如猫直率可爱,不斗心眼。”

最能说明张伯驹心地善良,为人诚实的一件事是购买《游春图》欠款的事。原来,张伯驹购买《游春图》的时间是1946年。双方议好价钱200两黄金。张伯驹当场付的黄金只有130两,约好逐年归还。直到1948年年底,还够了170两,还差30两。但不久北平被解放军包围,战事吃紧,也没有人再顾上这30两黄金的事了。接着是天翻地覆,成立了新中国。新中国以后运动不断,世事沧桑,一晃就是20多年过去了,当年购买《游春图》的当事人,早已星散,不知所归,可能有的已经去世了,反正20多年来再没人提起这件事了。但张伯驹还记挂着这件事,一想到还欠人家30两黄金,就心中不安。

1970 年,他从长春回到北京,恰好见到了当年的中间人马宝山,就问马宝山当年 30 两金子的欠款怎么办。马宝山听了大笑,说:“形势变了,对方完了,我也完了,你也完了,这事全完了。”说得张伯驹也笑了。

你看,1970 年距 1946 年已经过去了 24 年,张伯驹也是劫后余生。按一般常情来说,张伯驹也该忘记这件事了,再说《游春图》也早归了国家了。而且 1970 年时,张伯驹已是一贫如洗,在北京过着漂泊的生活,却还偏偏记着这件事。这的确是一件令人难以理解的事,也可以说张伯驹有些“书生气”,但从这一细节上,我们恰恰可以看出,诚信是金,张伯驹的人品比黄金还贵。

第二个特别的例子,就是张伯驹被打成右派以后,曾给陈毅元帅和刘海粟说过的两段话,更是出人意料,赤心可鉴。

1961 年,张伯驹临去长春前,见到了陈毅,陈毅才知道他被打成“右派”的事情,就问他,关于右派的事,有些想不通吧?张伯驹却老老实实地说:“此事太出乎我的意料,受些教育,未尝不可,但总不能那样超脱,做到无动于衷。在清醒的时候也能告诫自己:国家大,人多,个人受点委屈不仅难免,也算不了什么,自己看古画也有过差错,为什么不许别人错送我一顶帽子呢?我只盼望祖国真正富强起来。”

张伯驹就是这样一个受了冤枉被打击,却还在为别人着想,为别人解释、开脱的人。人常说,以小人之心度君子之腹,张伯驹却是以君子之腹度别人之心,这不是赤子之心是什么呢?

1978 年,张伯驹在大连棒槌岛与刘海粟结邻而居,再次谈起被打成右派之事。刘海粟问他戴上右派帽子有什么感想。张伯驹苦笑一阵,说:“戴什么帽子,我倒无所谓。一个渺小的凡人,生死得失,无关大局。但说我反党,实在冤枉。而且担心:老张献出这么多国宝,换了一顶‘铁冠’,传到海外,对党的威信不利。”

这就是张伯驹,自己受到那么不公平的待遇,想到的却不是自己,而是国家,是党的威信。这种胸怀真可谓感天动地,这是何等善良天真啊!他真是胸中无半点机心,这就是赤子之心。

1966 年,“文化大革命”爆发,张伯驹更是受到前所未有的屈辱和折磨,被挂牌子游街,被勒令跪在地上爬行,被人掂着像死尸一样示众。但张伯驹被平反之后,对过往的一切屈辱遭遇毫不计较,当祖国需要他以民主人士的身份和名望,多与在台知名人士联系时,他又积极响应。所以,有人说,张伯驹的精神和风骨是近世以来少有的。张伯驹的胸怀正是儒家精神"仁"的体现。张伯驹胸襟宽阔,虽处逆境,却能随遇而安,既不顾影自怜,也不嫉恨别人。

在反右运动中,京剧演员钱宝森批判他的时候,有些过火言辞——其实这也怪不得钱宝森,那时人人自危,人们也只好以假积极求自保。后来,钱宝森去世,张伯驹托人带去100元赙仪,这在当时是个不小的数目,一个月的伙食费只不过10元左右,有人劝他不必给这么多,意思意思就行了。但张伯驹坚持送100元,说当初他帮我打把子练武功,我们的交情还在。

还有一个例子更可以说明张伯驹人格的伟大。中国的传统文化讲究忠义的节操,就是对朋友有情有义,要忠诚,且不要因朋友的荣辱毁誉而变化。张伯驹就是这样一个人。当一个人蒙尘落难,门前冷落,别人唯恐避之不及的时候,张伯驹却不避人嫌,甘冒风险毅然送上朋友的情义和关怀。

张伯驹的这个朋友就是章伯钧。章伯钧可是一位全国著名的民主人士,曾是民盟的主要负责人,新中国成立后曾历任中央人民政府委员,全国政协常委、副主席,交通部部长等职。1957年,被打成右派,但又被保留了全国政协常委职位,"文革"中忧愤成疾,病逝于北京。直到1980年,他的所谓"罪行"材料才被推倒,他的骨灰也终于被安放到八宝山革命公墓。

张伯驹也是民盟成员,和章伯钧认识且是朋友,只是交往并不多。1961年张伯驹夫妇出关长春前夕,曾去和章伯钧话别。这时候章伯钧才知道张伯驹要去东北,但工作尚未安排好,就答应张伯驹,要托自己在吉林的朋友关照张伯驹,张伯驹很受感动,认为章伯钧是个真君子。

1969年5月,章伯钧去世了,当时正是"文革"高潮时期,一个大右派的死去,自然也没人前往吊唁,人们是唯恐避之不及。但这个时候,张伯驹却来吊唁了。

张伯驹这时在东北也早已是落难之人,只是这个时候回京看病,才知道这个消息的。

张伯驹和夫人是徒步而去的,先是找到章伯钧原来住的地方,一打听,人去楼空,搬走了。无奈,便托人好不容易找到地安门大街一家古董店的店员老樊,又托他去打听。老樊去农工党北京市委员会,假托要核对章伯钧生前所欠账目,才打听到了章伯钧遗孀李健生新搬到建国门的地址。

张伯驹敲开李健生家的大门,倒使李健生大吃一惊,赶紧把张伯驹、潘素拉进家门。几年不见,张伯驹身体已不如前,头发白了,脚上穿的布鞋满是泥土,从地安门到建国门,一个七旬多的老人在烤人的烈日下走了多少路啊!

张伯驹气喘方定,徐徐地对李健生说:“对伯钧先生的逝世,我很难受,我虽不懂政治,但我十分尊重伯钧先生。他不以荣辱待己,不以成败论人。自己本已不幸,却为他人之不幸所恸,是个大丈夫。所以,无论如何也要来看看。今天,看着李大姐的痛苦和艰辛,自己已是有心无力。”

“张先生,快莫说这些。伯钧相识遍天下,逝世后的慰问者,你们夫妇是第一人。此情此义,重过黄金。伯钧地下有知,当感激涕零。”话说到此,李健生已是泪流满面。

的确,张伯驹就是这样一个拥有赤子之心的人,他不因“阶级斗争”的特殊氛围而计较个人利害,他是一个从来不因政治气候而改变操守和信念的人,他有一种悲天悯人的情怀,这就是中国传统士人的道德和风范。

坦荡胸襟

张伯驹为人正直,心怀坦荡,敢作敢为,那是出了名的,冯其庸说他“是一个无半丝虚伪造作,是一个纯而又纯的真人……他胸中无半点机心,也就想不到别人会有坏心”。

吕大龙在《张伯驹在长春的岁月》一文中说得更有意思,他说:“张伯驹纵有足够的学识,却缺少起码的狡诈……”

这方面的例子也很多。例如,“文革”中张伯驹写了一份“交代”。其中一条是“交代”对毛主席的态度,他这样写道:“拥护毛主席不彻底,从封建主义的《资治通鉴》出发,在西安听说毛主席还看《资治通鉴》,心里很高兴,不似工农兵拥护毛主席从热血出发，比爹娘还亲，还是世界观根本问题。”

这个“交代”很老实，很坦白。像张伯驹这样交代，其实是越交代越要受批判的，原来你拥护伟大领袖不彻底啊，不斗你斗谁？在别人看来，张伯驹这个“交代”太傻。实际上，对于张伯驹来说就是实话实说，襟怀坦白。

在张伯驹心里，文化至高，艺术至上，他是一个彻底的文人，他的心中没有世故，没有任何私心杂念，更不会算计别人，任何世间的烦恼一遇到文化艺术，都被他忘却了。

就说那一年张伯驹和潘素从吉林乡下回来，农村不收，北京又没户口，正处于走投无路的困境，心情不知该多沉重。可他呢？与夫人潘素取道天津下车，早晨六时许，来到张牧石家。张牧石一打开门，赶紧把张伯驹让到屋里，却不知院门外还站着张伯驹的夫人潘素等着张伯驹安顿好叫她呢。就这样，张伯驹坐下后谈诗词、谈京剧，高兴极了，差不多一个小时了，张伯驹才想起来，外面还有人呢，张牧石赶紧出去一看，潘素还在那儿站着，行李不多，在地上放着，人被冻得直哆嗦。

张伯驹谈起诗词，谈起京剧来，岂止是忘了潘素，“文革”中罗织的各种罪名和遭遇，兜子里揣着不给落下的户口、退职证，投亲靠友不成等，一概抛到脑后，只要一见到能与其谈词侃剧之友且畅谈起来时，他就会顿时进入一种兴高采烈、异常执着的情绪之中，其中的滋味只有他自己心中知道。

任凤霞曾说过，对于张伯驹来说，“在他那里，谈词侃剧真正的意义已非词语的表面，那里有一种境界，没有什么能阻碍他进入那种美好而妙不可言的境界”。难怪一些名家发出高度的共鸣，中国只有一个张伯驹，不能再产生第二个；周汝昌更是评价张伯驹“是中国文化史上难以逾越的孤峰”。

第十三讲 绝世天真绝世痴（上）

张伯驹先生还是一位性格直率、可亲可近的人。所以，冯其庸先生在一首词《浣溪沙》中称赞他是："眼里茫茫皆白地，心头郁郁唯情醇，天荒地老一真人。"张伯驹心地单纯，品格高尚，但他的性格却有些孤僻，有时独特到叫人难以理解。不过这也正说明了"金无赤金，人无完人"的道理。

在这一讲，我们主要讲一下张伯驹的性格。他是卓越的文化大家，也是幽默风趣的智者。

直率的性格

张伯驹的性格之直率，更是令人称奇。

大家知道，他和天津的张牧石是朋友。一次张伯驹去天津，天刚亮，张牧石夫妇还没有起床。张伯驹拍了几下门，无人应声。他就从地上捡起一块砖头，砰砰地砸起门来。张牧石从梦中惊醒，慌忙开门一看，张伯驹手里的砖头还没有扔掉，弄得人家哭笑不得。你看，这一会儿张伯驹像个文人吗？他就是这么个性格。

张伯驹年轻时也是这样。有一次在上海，张伯驹与朋友孙养农一起听一个名角唱《四郎探母》。张伯驹听他唱得不认真、不规范，立时大怒，离开座位就往外走，口中还喃喃有词。孙养农急忙跟上，问他什么事，张伯驹用河南话说，前后门上锁，放火烧。孙养农听得一愣，就问他，干什么呀？张伯驹气呼呼地说，连听戏的带唱戏的，一齐给我烧。孙养农明白张伯驹的意思了，不禁哑然失笑。这种性格直率得近乎荒唐，但正可看出张伯驹对传统京剧艺术的认真和挚爱。

还有一次，听谭富英的《群英会》，有个饰演孔明的老生，在台上戏弄起观众来，唱戏大耍花腔。张伯驹是懂戏之人，当然懂得他这一手，顿时火起，径直跑到台口，一面用手指着一面骂："你不是东西！"骂完回头就走，台上台下的人都莫名其妙地直发愣。张伯驹这种毫不留情的做法，别人都以为他是不懂得人情世故。无奈，他就是这么个直率的个性，有点"下里巴人"的味道吧？

但是，张伯驹的性格有时却又文雅、细腻得很呢，很有些阳春白雪的味道，举一个例子：

张伯驹喜欢海棠可是出了名的。他曾在一首《小秦王》中说："落英满地成茵席，愿作长眠易箦时。"意思就是愿死在落花丛中。张伯驹干脆在诗的后记中把这个意思说了个明白："天津故李氏园海棠成林，每岁皆与津词家联吟其下。风来落英满地，如铺锦茵，余愿长眠于此，亦海棠颠也。"

张伯驹、潘素夫妇共同挥毫写丹青。

张伯驹爱海棠,真如林和靖爱梅花一样啊!

1973 年,张伯驹已经 76 岁了。这一年袁世凯的孙子,著名物理学家、美籍华人袁家骝从美国回来探亲,周恩来总理接待。袁家骝提出要看望他的表叔张伯驹,因为张伯驹与他的父亲袁克文是表兄弟啊。于是,国务院办公厅先派人看了张伯驹的家,家具陈旧,有碍观瞻,这可是具有影响的大事啊,于是提出临时给张伯驹安排一所条件好的住处,以壮门面,或者换掉破旧的家具。不料张伯驹不同意,他说,我家就是这个样子,我就是这样,什么就是什么,何必换呢? 最后,家具还是没有换,工作人员只好安排张伯驹和袁家骝就在北京饭店见了一面。

张伯驹心地善良、单纯,品格高尚,但他的性格却有些孤僻,有些古怪,有时独特到叫人难以理解,不过,这也正说明了"金无赤金,人无完人"的道理。

张伯驹的女儿张传綵曾说:父亲的性格本来就有些孤傲,加之愤世嫉俗,更加落落寡合。即使高朋满座,众人谈笑甚欢,他若是觉得话不投机,便一个人坐在那里,谁也不理,只是自己用手摸着下巴,一根根地拔胡子。有时去找人,碰巧人家不在,他也不急,坐在那里能等上两三个小时,也不叫人去找,还是摸下巴、拔胡子。生人见了他,往往有些望而生畏的感觉。一次,有个他不喜欢的人来找他,父亲在下棋,人家叫他张大爷,他就是不理。我只能招呼客人说,您请坐,请喝茶。我还问父亲,爸爸您怎么不理人家啊。他还是不吭声,也不理我。

据张传綵回忆,有一次,父亲要到沈裕君(中央文史研究馆馆员,章太炎夫人汤国黎的表兄)家中去下围棋,刚要出门,碰到一位香港来客买了一幅母亲的画,想请父亲题字,并表示愿意多加 500 元。不料,父亲不听钱尚可,一听要多付 500 元,便气冲冲地回答:"不写,我现在要去下棋!"

张伯驹就是这样,对于不是与他志同道合的人,对于他所不喜欢的人和事,马上就反映出来,也不管是否弄得对方难堪不难堪。谁的品德高尚、谁的品德低劣,张伯驹心里有数,但他就是不说,天长日久,朋友给张伯驹起了个雅号"张大怪"。

张伯驹的怪处何止于此呢? 虽然家曾巨富,但他本人朴素得却令人难以想象,他不吸烟、不喝酒,不穿绫罗绸缎,长年布衫一袭;他饮食清淡,既能过山珍海味的豪华生活,也能过粗茶淡饭的日子,有时一个大葱炒鸡蛋就算是上等佳肴了,他从不和人们计较谁的衣食住行更阔气。

画家黄永玉曾在北京西郊莫斯科餐厅偶遇晚年的张伯驹,说他点了一盆红菜汤、几片面包,草草食毕,将剩余的面包、黄油用小手帕裹好,带走给他的夫人。一生热爱美食的张伯驹晚年如此清贫,却安之若素。所以,黄永玉说他"富不骄、贫能安,临危不惧,见辱不惊"。

幽默的字号

张伯驹还有一个爱好,就是除自己的字之外,爱起别号并喜治印。

对于张伯驹的字,各种书籍、文章说法较乱,不一而足,一般说张伯驹"字丛碧",也有人说张伯驹"号丛碧",也有人说"字伯驹,号丛碧"。那么,究竟哪个对呢?

首先,我们说一下什么叫字。按字典上的解释,所谓人名中的"字",就是根据人名中的字义,另取的别名。

张伯驹原名叫张家骐,字伯驹。这就很好解释了,"骐"是好马的意思,"驹"又是千里马的意思,意思是接近的。至于"伯"字,"伯"在兄弟排行中代表老大。张伯驹原本兄弟三人,他就是老大。古代社会,人们一般不直呼其名,而多呼其字,以表尊重,这样时间一久张伯驹也就以字行,字成了他的名,而他的名"家骐"渐渐地不为人知了。

那么,为什么人们多以为他字"丛碧"呢?"丛碧"其实是他 30 岁时,因收得康熙皇帝的题字"丛碧山房"而起的一个别号。然而,时间长了,人们渐渐地也喊习惯了,就把张伯驹作为他的名字,"丛碧"作为他的字了。张伯驹也没有做过特别的纠正,而他后来起的别号又较多,但有的并不广为人知,且又渐渐不大用了。只有"丛碧"这一别号意蕴美好、音节响亮,而又广为人知,久而久之,人们也就把"丛碧"当成了他的字,习而未改,人们也就认可他的字就是"丛碧"了。持这一看法的,首先是他的女婿楼宇栋,在《张伯驹小传》一文中直接说“张伯驹字丛碧”。张伯驹生前所在单位中央文史研究馆在《张伯驹先生简历》中也说：“张伯驹字丛碧，别号好好先生（按：张家骐字伯驹，为张锦芳之长子）。”至于许多名人，也多在文章中称张伯驹字“丛碧”了。

张伯驹的别号更多了，比较为人熟知的就有“丛碧”“平复堂主人”“展春主人”“春游主人”“好好先生”“京兆”等等。

什么是别号呢？就是人在名字以外另起的称号。例如：李白，字太白，号青莲居士。一般来说，一个人的字，是比较慎重的，也是比较固定的，而别号则随意得多了，一个人也可以有多个别号，有些别号则是自己凭一时之兴趣，或因对某事有所感慨而起的，用过一阵，事过境迁，渐渐被忘却了的也有。

我们先来说张伯驹的别号“丛碧”。张伯驹醉心于收藏古代书法绘画艺术珍宝，始于康熙墨宝“丛碧山房”这一书法作品的收藏。其收藏过程，前面已经讲过，这里不再重复。且说张伯驹为纪念这一心爱之物，从此取“丛碧山房”为斋号，并自取“丛碧”为别号，写文作画时常落款“丛碧”。

张伯驹的第二个斋号为“平复堂”，别号为“平复堂主”。这是因为张伯驹于 1938 年年初收藏《平复帖》后，欣喜不尽，就又题斋名为“平复堂”，他则别号“平复堂主”。

“展春园”“春游主人”又都与张伯驹收藏隋朝展子虔的《游春图》有关。

1946 年，张伯驹为收藏《游春图》，卖掉了弓弦胡同的宅子，也就是“丛碧山房”“平复堂”所在的宅子。这片房产共卖得 35 根金条（见寓真《张伯驹身世钩沉》），大部分用于购买书画，或归还以前买画的欠债，而用其中 10 多根金条，购买了承泽园的房宅。承泽园始建于清代雍正三年（1725）。承泽园系圆明园附属园林之一。直到光绪中叶，又赏赐给庆亲王奕劻作为邸园。张伯驹住进承泽园，同时购得《游春图》后，就称承泽园为“展春园”。1950 年词友结词社，名之为“展春词社”，他又起别号为“春游主人”。1953 年，张伯驹又将此园卖给了北京大学。到了 1965 年，他把自己 1960 年至 1965 年间的词结集为《春游词》。在自序中说：“余昔因隋朝展子虔‘游春图’，自号‘春游主人’，集词友结‘展春词社’。晚岁于役长春，更作《春游琐谈》《春游词》,乃知余一生半在春游中,何巧合耶!”这段话是对其偶然自号“春游主人”,结果一生果然半在春游中的解释,非常有趣。

张伯驹最欣赏的一个别号就是“好好先生”了。“好好先生”不用说,也是有来历的,这是因为1950年张伯驹收购了晚唐大诗人杜牧的书法真迹《张好好诗》。

杜牧的这件书法作品,写的是赠给其所喜爱的女子张好好的一首五言长诗,是一件诗书兼美的杰作。

杜牧与张好好初相识时,张好好才13岁,为江西洪州乐籍的官妓,是一个才色双绝的歌妓。杜牧和张好好也是一见钟情,不料还没等杜牧表白,张好好已被朝中著作郎沈述师出重金赎出,纳为妾。沈述师病逝后,张好好流落洛阳。也有人说是沈述师娶了张好好没到两年就移情别恋了。张好好被抛弃后,竟然沦落到在洛阳以卖酒为生。后来,杜牧被调到东都洛阳做官,在一家小酒铺里意外遇到了张好好,于是,杜牧为美人的遭遇而满怀爱怜和伤感,写下了这篇诗作。

张伯驹一生收藏的珍贵书画很多,但他把杜牧的《张好好诗》和陆机的《平复帖》以及展子虔的《游春图》看作他平生最得意的三件藏品。

张伯驹收得《张好好诗》,为之狂喜,一连好几天他都和这卷诗稿同床共眠,最后才放到箱子中。于是,他又自号“好好先生”,以纪念他收藏《张好好诗》。当然,“好好先生”也暗寓张伯驹乐于做一个“好好先生”那样的一个人,不乏幽默的意思。

张伯驹还有一个别号,叫做“京兆”。知道这个别号的人不多,天津的张牧石算是一个。张牧石有一首七绝是纪念张伯驹110周年诞辰的,他在诗中说:“画眉能几思京兆,绝世风流岂入时。宁复李园春再展,海棠留梦忍追思。”“京兆”就是张伯驹的别号。

原来,“京兆”也是一个典故,来源于“张敞画眉”。典出《汉书·张敞传》,汉代京兆尹张敞常为其妻画眉。长安城中都传张敞画的眉妩媚动人,为此,张敞被弹劾。皇帝问他,张敞说:“我听说闺房之内,夫妇之私,有超过画眉的。”皇帝爱其才能没有责备他。张伯驹当年很喜欢这个典故,便自号“京兆”。并刻有“京兆”印章,在收藏的或自己的绘画上钤印。这“京兆”的典故是指夫妻感情融洽，丈夫深爱妻子的，张伯驹对待夫人潘素，也果然像“京兆”一样了。

张伯驹还有一个别号“重瞳乡人”，但不轻用，如果说他的别号“好好先生”“京兆”等，还有些诙谐、幽默成分的话，那么“重瞳乡人”就完全是郑重、尊重的意思了。

“重瞳乡人”与项城的地理、历史有关。张伯驹曾自书一联云：“地属魏吴分两翼，乡因舜羽号重瞳。”“地属魏吴”，是指项城西周时称项国，春秋时被鲁国所灭，后属楚国，三国时又属魏地，东魏时改为秣陵，后又改为项城县。“乡因舜羽号重瞳”，自然与两位历史名人有关。舜，一名虞舜，重华，传说中的古代部落首领，据说舜的眼球里有两个瞳仁；羽是指项羽，项羽也是重瞳子，且项羽与项城更有渊源，原来项氏世世为楚将，封于项，故姓项。张伯驹十分尊崇舜和项羽两位古人，且为这两位具有重瞳子的不凡之人而自豪。不言而喻，这自豪中既含有见贤思齐，也有立志成为不凡之人的远大志向。

张伯驹除有很多雅号以外，还很注重收藏书画作品上署款的印章。大家知道，书法作品上的印章是书法作品中不可或缺的组成部分，缺了印章，就不成为完整的书法作品。清代著名画家吴昌硕认为：“书画至风雅，亦必以印为重，书画之精妙者，得佳印益生气。”的确，印章佳者，如画龙点睛，起到锦上添花的作用。在书法作品上盖章，既示郑重，又可防伪造。同时，盖上富有雅趣、寓意的闲章，还可寄托书者的抱负和情趣，因此，历代书法家都非常重视用印。

张伯驹一生先后刻了许多印章，有斋号章、雅趣章、年号章、鉴藏章等。主要的有“张伯驹父珍藏印”（这个“父”在这里读“甫”音，不是父亲的意思，在古代表示青年美男子）、“冻云楼主”、“京兆”、“张伯驹珍藏印”、“丛碧主人”、“张伯驹印”、“平复堂印”、“伯驹”、“伯驹长寿”、“丛碧八十后印”、“中州张伯驹”、“绘事后素”、“女河阳”等。

先说“冻云楼主”。张伯驹曾有一首诗云：“公子齐名海上闻，辽东红豆两将军。中州更有双词客，粉墨登场号二云。”前面已经讲过，袁克文号“寒云”，张伯驹号“冻云楼主”，“冻云”与“寒云”正对，正是“寒云”之意，因为二人都喜好填词,又都是戏曲票友,且“冻云”也是有出处的。唐朝方干《冬日诗》有“冻云愁暮色,寒日淡斜晖”句,宋朝陆游也有词云:“扶杖冻云深处,探溪梅消息。”

还需要解释的两枚印章,一是“女河阳”,一是“绘事后素”。

“女河阳”来自张伯驹的一首词《瑞鹧鸪》,其中有句云:“姑苏开遍碧桃时,邂逅河阳女画师。”“女河阳”当然是指夫人潘素是“河阳女画师”,那么“河阳”是什么意思呢?这也是一个典故。名为“潘岳河阳”。潘岳,字安仁,河南中牟人。河阳县在黄河北岸。晋时,潘岳曾任河阳县令,是个知民疾苦、爱民如子的清廉好官,后来,人们多以河阳指称潘岳。这一切似乎与潘素并没什么联系,但仔细一想,原来潘岳、潘素都姓潘,五百年前是一家。张伯驹在这里也正取了这一意思,把他妻子称为“女河阳”,也就是借了潘岳曾任河阳县令的典故。

“绘事后素”也是张伯驹为夫人潘素刻的一枚闲章,可能不易理解。张伯驹在他的《素月楼联语》一书中,亲自解释了“绘事后素”的来历,他说:“余室人潘素时习绘山水,余则专写梅兰。社稷坛(位于天安门西)开绘画展览,余伉俪作品均参与。有人见之曰:张丛碧绘画不如潘素矣。夏枝巢闻之,因得下联云‘张丛碧绘事后素’。竟成妙对,为一时掌故。”

那么,上联是什么呢?原来,上联是“谭篆青割烹要汤”,用伊尹割烹说商汤之典故,言谭篆青以谭家菜邀宠于汤尔和。那么,谭篆青是谁呢?原来,“谭家菜”是20世纪30年代名满京华的一道私房菜,主人家这一手艺三代相传,到谭篆青时已是第三代。谭篆青与其父亲一样,精于膏粱,每每承办家宴,声名远扬。而这汤尔和又是谁呢?原来,卢沟桥事变,北平陷落,日本勾结王克敏等组织伪政府,汤尔和任议政委员长兼教育总长,是个汉奸。这个典故是颇为复杂的,到了张伯驹由“张伯驹绘事后素”而取“绘事后素”,就变成了张伯驹绘画不如潘素的意思,很简单的。他刻了印章,常用在潘素或自己的绘画上,以示幽默之意。

据易大经说,张伯驹还有一方印章“六郎私印”,不常为人所知,有知者亦误以为是“六郎私记”(2018年12月12日《南方都市报》)。

第十四讲 绝世天真绝世痴（下）

在上一讲中，我们讲到张伯驹的性格是那样单纯和直爽，在起别号方面又充分显示了张伯驹的风趣和爱好，实际上，这都是张伯驹“绝世天真绝世痴”的表现，由此我们联系到张伯驹的为人交友，那会是什么样子呢？ 这一讲，我们就讲一讲张伯驹和他友人的交往，来看张伯驹的为人。 张伯驹一生当中朋友很多，难以一一道来，我们就讲他一生交往最多、情感最深的一些朋友吧。 他们主要是：余叔岩、宋振庭、周汝昌、王世襄、张牧石等。

亦师亦友余叔岩

张伯驹和余叔岩的故事,实际上我们已在第五讲中,讲述张伯驹的戏剧情缘与贡献中讲过了。在这里,就只讲一些张伯驹与余叔岩情感方面的一些事。

他们的关系是亦师亦友的关系。在长达10年的时间里,接触最为亲密和频繁,有时就是形影不离。在生活上,张伯驹则对余叔岩极尽弟子之礼,加上张伯驹家境宽裕,又办有盐业银行,所以在物质生活上对余叔岩的支持和赠与也是十分慷慨的。余叔岩晚年嗓子不好,不能经常演出,就由张伯驹供应其生活,余家生活用项浩繁,还要维持剧团班底,开支不是一笔小数目,但张伯驹始终是热心相助,无怨无悔。余叔岩生病期间,张伯驹也是尽心尽力,为他延请名医,到处抓药。无奈余叔岩患的是尿血病。自从与张伯驹合演《空城计》以后,病情加剧。后经德国医院手术治疗,确认为膀胱癌。一年后扩散,又由协和医院治疗,于小腹通一皮管作溺。

1942年10月,即在张伯驹遭绑架被赎回数月后,他携妻女去西安。启程的前一天晚上,张伯驹拖着沉重的步子,来向他的恩师余叔岩辞行。张伯驹已知余叔岩病势沉重,这一次恐怕就是生离死别。进入余宅,张伯驹直奔东室,余叔岩躺在病榻上,见了张伯驹,强忍疼痛,轻声细语打了声招呼,张伯驹也不说自己将要离京之事,恐怕双方难免悲伤流泪,但张伯驹仍忍不住落泪,偷偷跑到外间擦掉。就这样两人对视了近两个时辰,张伯驹告别回家,第二天一早,张伯驹就去了西安。

关于这一情节,张伯驹76岁,也就是1974年那一年,还在《红毹纪梦诗注》中,以一首诗记述了这一生离死别前后的情况,诗云:

十年一梦是终场,死别生离泪夺眶。
流水高山人不见,只今顾曲剩周郎。

张伯驹去西安的第二年2月,在陇海铁路局看戏,碰巧遇上《戏剧月刊》主编张君。老友相见,张伯驹将张君请到家中叙话。张君告诉他,自己第二天就要赶回上海,张伯驹便托他带给陈鹤孙一封信,信内装的是张伯驹挽余叔岩之联,联为:

谱羽衣霓裳,昔日悲歌传李峤。
怀高山流水,只今顾曲剩周郎。

为什么这个时候就写了这副挽联呢?因为那个时代音讯难通,为表情意,事先就写了此联。张伯驹知道,余叔岩的病情不会拖得太久了。果然,不久,张伯驹就接到了陈鹤孙的回信,说余叔岩已经去世,遵照张伯驹的嘱托,挽联已放至余叔岩灵前。

这件事堪称传奇,见证了张伯驹对老师的深情。

张伯驹对于余叔岩的怀念之情,到了晚年更加深沉而强烈,他常把与余叔岩的合影翻出来,一遍一遍地观看,并写下了这样一段情谊深厚的话:

> 叔岩夙有才慧,平生绝艺大多传于余,惟不永年,至为可惜。某岁招摄影者至家,拍摄戏装像照片……与余合拍之《四郎探母》,余饰四郎,叔岩饰六郎,余戏装照片多佚失,独此合照至今犹存箧中,十余年交情,得留此吉光片羽,回首前尘,已隔天渊。

1982年张伯驹去世时,他的表弟李克非曾撰写挽联,上联为“忆当年福全楼馆,粉墨登场演卧龙,步叔岩余韵,堪称千古传绝唱”。就是说张伯驹和余叔岩的戏剧情缘,可谓戏剧界的千古绝唱。

红楼因缘周汝昌

提到周汝昌,大家都知道他是声望如雷贯耳的红学大家,其实,周汝昌的爱好与研究广泛得很，诸如中国古代文学、文艺理论、诗词笺注鉴赏、书法、史地、语言、音韵等，而他真正的爱好与专长是在诗词上，但使他蜚声文坛的，还是他的红学。

周汝昌，字玉言，1918 年 4 月生于天津，2012 年 5 月逝世于北京。曾任四川大学外文系讲师、人民文学出版社编辑、中国艺术研究院研究员等，著有《红楼梦新证》《曹雪芹小传》《红楼小讲》等多部学术论著。

周汝昌与张伯驹的交往可以说是一位红学泰斗与词坛大家的交往。这交往的缘起，也正始于红学研究，且始于张伯驹曾经的住宅——承泽园，也叫展春园。所以周汝昌曾说过："日后有写红学史的，应该对张先生和承泽园的旧事辟一小小专章……"今天，我们就试着完成这个小小专章。

那时正是 1947 年，张伯驹正任燕京大学中文系文法教授。而周汝昌正在燕京大学求学。一天，周汝昌看见一对夫妇从贝公楼里的中文系出来，男的 50 岁上下，高挑身材，穿着长衫礼服，却风采依旧；女的则颇为年轻，打着一把阳伞，光彩照人。周汝昌觉得，这种风度翩翩、儒雅风流的人不像是燕园中人，后来得知，这就是张伯驹夫妇。

1948 年农历十月，张伯驹在燕京大学中文系二楼举办自己收藏的书画精品展览。其中有一幅曹寅的《楝亭图》，还有一幅纳兰性德的小照。当时正在撰写《红楼梦考证》的周汝昌知道这一消息后，立即前往观看，他看到《楝亭图》四围绫边上，名字题咏已无空隙。这当中首先是藏主张伯驹的《贺新郎》一词。词句中涉及"红学"旧学贾宝玉即纳兰一义。于是，周汝昌一时乘兴，步韵连和了两三首，每句下都有注释，句句讲曹家的史迹实事，暗暗纠正向来被误认的宝玉即纳兰之说。

张伯驹看了周汝昌的和词，非常惊喜，认为少年学子文笔不凡。不错，周汝昌比张伯驹正好小了整整 20 岁。于是，张伯驹传话要会一面。但见了周汝昌，不善言谈的张伯驹也没说几句话，只是把自己的《丛碧词》集送给周汝昌一本。周汝昌毕恭毕敬，接过一看，见是绿墨刊本《丛碧词》。他如获至宝，回校后反复读了数遍，非常赞赏，但也在音律上提出了 70 多处意见。一一标注在《丛碧词》上，又送还请张伯驹过目，而张伯驹一一从善如流，于是，周汝昌越发钦佩张伯驹了。从此，他们开始了交往。

当时张伯驹所住的展春园离燕大不远。每天下午,周汝昌都去张伯驹家里坐坐,因为那儿是书画之府、丝竹之乡。入厅后,周汝昌便自寻座位,因为熟了,宾主常是不交一言,如同家人,也没有客套俗礼。宾主双方就这样互相信任,超脱世俗。周汝昌由此认为,张伯驹为人坦荡超逸,潇洒天真。他们的友情就在这平凡的相处中不断加深,张伯驹把周汝昌视为词学知己,而周汝昌则在这里感受传统文化的光辉。

不久,《丛碧词》增订排印,周汝昌便为该书写了跋文。其中提出:“如以词人之词而论(有别于诗人之词、文人之词、学人之词、杂流之词),则中国词史当以李后主为首,而以先生(指张伯驹)为殿——在他之后,恐怕不易再产生这种真正的词人之词了。”此语一出,当时文坛上正如周汝昌所说:“众老先生闻之,颇讶狂言,不无讥议。”

《丛碧词》连制三次版,周汝昌就作了三次跋。周汝昌是从学术、文艺上从公论断,并无丝毫阿谀献颂之心。这使张伯驹非常感动。日后,张伯驹将此记于《无名词》自序中,他写道:“……自三十岁学为词,至庚寅后二十几年,有集《丛碧词》。周玉言君跋云:‘词以李后主始,而以余为殿。’此语一出,词老皆惊,余也汗颜,而心未尝不感玉言也……”张伯驹从此凡作词,必送周汝昌先看。有一次周游大觉寺。张伯驹坐在玉兰花下,袖出一词让周汝昌看,两眼却全神贯注地看着周汝昌——看他读词时的“面部表情”。

周汝昌在燕大读书期间,与张伯驹之间还有两件轶事,是很少有人知道的,这里只讲一件吧!

张伯驹在燕大当教授,燕大中文系主任高名凯有意让张伯驹开了一门“中国艺术史”的课程。但燕大规定,要开设这种选修课至少需要若干名学生选修报名,报名人数不够课程就无法开成。等到办公楼后门外布告牌发布了这门新课程时,报名选修的刚好差一名,这使高名凯十分为难。无奈,找到了周汝昌的同学孙正刚商量,希望他能在熟人里找寻一位凑齐名额好开课。于是,孙正刚找到周汝昌说明此事,希望他能帮忙。周汝昌听后笑道:“这好办,不过,你得向张先生说明白,我在中西两方面的课程已经十分繁忙,所以开课后如果不能每次必然到课,还请张先生理解。”

开课第一天,周汝昌按时入座,恭候张伯驹的来临,心里还在想张伯驹上了堂未必自由自在。可是张伯驹毕竟不同凡人,平生各种场合交流历练,经验丰富。他进了课堂,毫无拘束之态。他抱来一大摞书册放在讲桌上,先把一摞书册分发给在座的同学们,并说,愿意多要的可以随便再取。周汝昌接过来一看,原来是影印的《平复帖》——这正是张伯驹生平收藏中两大无上的珍宝之一。然后,张伯驹开始讲话,他并没有讲稿讲义,不过即席口述,就由《平复帖》讲起。他的话简明易懂,没有太多专门性的名词术语,也没有作更多的发挥。周汝昌觉得张伯驹的这种教学方法很不错,课堂气氛很随和,张伯驹也能从容自在地讲他的艺术史。

周汝昌与张伯驹已经有了默契,事先说过不能每课到堂,于是周汝昌便放心大胆地做了几乎一个学期的"旷课生"。等到期末考试了,张伯驹倒也很大方家数,不做具体出题的死形式,而是要学生每人做一篇论文,发表自己对于中国书画的感受和评论。这正合周汝昌意,因为他最不愿意做那些死板机械的问答试卷,而喜欢写这种自由发挥的文章。周汝昌深知张伯驹最后收得的珍品是晚唐杜牧的《张好好诗》卷,于是便抓住这个主题作为中心,往前追溯书法源流,然后归结到杜牧的这一诗卷书法的特点。周汝昌的这份试卷其实就是他自己研究书法的一篇简短的总结。

一日,孙正刚忽然来访,他满面春风,喜气洋洋地对周汝昌说:"这事可真有趣,你猜张先生给了你多少分?"周汝昌回答说:"不应低于8分吧(燕大的评分制度是10分制)。"孙正刚笑道:"那可太低了,是10分啊!"周汝昌听后也大笑。孙正刚接着说:"我告诉张先生,燕大的10分制可是个象征啊,真正的教授评出个10分来,还没有先例!张先生听了正颜厉色地说:'怎么不行?他这卷子就值10分,我岂能屈了这份卷子的价值!'"

从这件事中也可以看到张伯驹的为人风格,以及他与周汝昌之间那种坦率、纯正的关系。

1952年春天,周汝昌离开燕大去成都华西大学任教。在离京前,张伯驹特别邀请了一些文人墨客,聚会开社填词,为周汝昌饯行。当周汝昌踏上赴川之途,思念之情同样挥之不去,于广元路途即写下了一首寄怀张伯驹的《临江仙》:

千水千山驿路，此情此日都轻，重吟好句忆交情，展春花月在，一盏与谁倾。　　大地皆堪逆旅，寸心要契神形，客途未倦短长亭，可知西去语，双眼有谁青。

这首词的意思是说，我孤身在外，更加怀念我们在一起的岁月和情意，到了异乡山水，还有谁会特别看重、了解、关心自己呢？

周汝昌到了成都以后，与张伯驹仍然鱼雁往还，诗词唱和不断。1953 年春节前夕，这是周汝昌离开北京在外地过的第一个春节，独坐守岁，格外凄清，写下了《东风第一枝》，寄给张伯驹。张伯驹马上和词寄给周汝昌。

东风第一枝

和周汝昌

爆竹催春，灯花送夕，一家千里孤馆。故乡梦阻关河，异客情分冰炭。牵衣儿女，尚未解、长安悬念。听隔邻、彻夜欢声，争羡酒香炉暖。

雪初霁、梅英照眼。风不冷、柳丝掠面。桃符都换新楣，燕巢还寻旧苑。芙蓉江上，望云树、如遮重幔。想此心、早到京华，飞过水千山万。

这首词上片是想象周汝昌一家在人地生疏的异乡过春节时的思乡心情和小儿女尚不理解大人的情形；下片是写景，既有京华的景色，也有想象的成都景色，以景抒情，并想象周汝昌的思乡之情已飞过千山万水，同时，自己的心情也在飞过万水千山，互相温暖着对方。

在张伯驹和周汝昌的友情和相知中，词学因缘和红学因缘是并重的。在红学上，他们的互相切磋和关心都是极有意义的。1953 年秋，周汝昌的第一部红学著作《红楼梦新证》出版，立时在学术界引起轰动。周汝昌首先寄呈一部给张伯驹，张伯驹欣喜异常，逢人说项，并填词祝贺，书为条幅，郑重相赠，一片真情，溢于笔墨之外。这首词是《潇湘夜雨》，我们不再全词抄录了，只看最后几句："看坛坫、声华藉甚，鹰隼出风尘。"

张伯驹的预言不错，此书的出版奠定了周汝昌在红学史上的地位，而且改变了他此后的人生走向,1954年,中宣部的一纸调令将他从成都调回他所熟悉的北京。到了后来的"文化大革命"中,周汝昌被下放五七干校劳动,1972年前后,又是因国家要重出《红楼梦》,周汝昌又从干校调回。周汝昌的命运,已和红楼梦研究紧紧地联系在一起了。

在"文化大革命"中,张伯驹的遭遇比周汝昌更加糟糕。1970年张伯驹夫妇从东北回京,到西安女儿家住了一段时间,毕竟不是长久之计,还是回到了北京。但他在北京是没有户口的黑户啊,没户口,就意味着没有购粮本,没有购粮本,就没饭吃。可人毕竟得吃饭才能生存啊,于是,粮票全靠亲友接济。张伯驹也时而到周汝昌家去"混饭"吃,周家的饭食也不好,粗茶淡饭,能吃上就不错了。到了这个时候,张伯驹也不嫌弃,甚至觉得比年轻时期的山珍海味还要好吃。周汝昌也时不时地将节省下的粮票寄给张伯驹。想不到张伯驹这个曾一掷千金的阔公子,此时竟因收到三五斤粮票,马上记到本子上,并向周汝昌"笔札相谢",真的是滴水之恩不敢相忘。周汝昌后来说:"那时候读了他的信,真是心中难过得很!"

1977年,张伯驹迎来了80岁高龄,周汝昌则恰好六十大寿,双方的日子都好过了,张伯驹又有了填词的气力和心情。他又约了好友,为周汝昌祝寿,写下了一首《八声甘州》,这首词的最后一句是:"交期论,在形骸外,心酒同倾。"这一句词总结了他与周汝昌的交情,不是一般之交,更不是酒肉之交,而是血肉之交,是灵魂之交,是除身影相处之外的神交。

对于张伯驹的印象和友情,直到1984年,中华书局准备出版《张伯驹词集》时,请周汝昌为该书写序,周汝昌便在序言中回顾了和张伯驹一生的交情,他说:

> 欲识先生之词,宜先识先生其人,词如其人,信而可依。我重先生,并不因为他是盛名的贵公子,富饶的收藏家,等等。一见之下,即觉其与世不同,无俗容,无俗礼,讷讷如不能言,一切皆出以自然直率。其人重情,以艺术为性命。伉爽而无粗豪气,儒雅而无头巾气,当其以为可行,不顾世人非笑……性情重而气质厚。品所以居上,非可假借者也,余以是重其人,爱其词。

君子之交王世襄

王世襄是著名的文物专家、学者,却又是一个很有趣的“玩家”,一个“玩”出了成就的大家。但人们更乐于这样描述他:放鸽家、斗虫家、驯鹰家、养狗家、烹饪家、美食家、书法家、诗词家、明式家具专家……一句话,“中国第一玩家”。我们在这里叙述他,是因为他与张伯驹是一种亦师亦友的关系,更确切地说,是至交。

我很幸运,2007 年 11 月的一天与王世襄先生有过一次零距离接触,是因为采访他与张伯驹的交往。那天中午我来到了王世襄家中。王世襄已是满头白发,面容有些憔悴,家中就他一人,他说儿子出去了。我进去后,他说:“让我吃完饭。”可不,他正坐在一个小茶几前吃饭呢。他端起碗来,倾斜着,我看不见是什么饭,估计是米饭,但茶几上没有菜,只有一个瓷碗,盛着剥了皮的烤红薯,上面撒着一些黑豆豆一样的东西,说是叫“豆豉”。如不是笔者亲眼所见,简直不敢相信这就是一位大师、被称为美食家的家常饭,不免令人唏嘘。

王世襄说,他是 1945 年秋,由成都来到北京,担任清理战时文物损失工作,因为对文物的爱好和工作上的需要才去拜见张伯驹的,很快就相熟了。

1947 年,王世襄很想在书画著录方面做一些工作,希望找到一件流传有序的著名文物,他也知道张伯驹收藏的《平复帖》实在是太理想了。不过要著录就必须经过多次的仔细观察阅读和抄写记录,如此珍贵的国宝,张伯驹会拿出来一次次让他看吗？王世襄说,他是做好了被张伯驹婉言谢绝的思想准备才去向张伯驹说的。但大大出乎王世襄的意料,张伯驹说:“你一次次到我家来看《平复帖》,太麻烦了,不如拿回家去仔细看。”就这样,王世襄把《平复帖》小心翼翼地捧回了家。

到家之后,王世襄腾空了一只樟木小箱子放在床头上,里面用白棉布铺垫平整,再用高丽纸把已有锦袱的《平复帖》包好,放入箱中,再加一把锁。有时不得已出门,回来都要开锁启箱,看它安然无恙才放心。观看《平复帖》

时,还要等天气晴朗,把桌子搬到贴近南窗,光线好而太阳又晒不到之处,铺好白毡和高丽纸,洗净手,戴上白手套,才静心屏息地打开手卷。王世襄回忆自己送还这幅“稀世之宝”时的心情,说:“《平复帖》在我家放了一个多月才毕恭毕敬地奉还给伯驹先生,一时顿觉轻松愉快,如释重负。”他还说,把《平复帖》抱回家,连想都没敢想过,那时与伯驹相识才两年,不能说已有深交。对这一桩不可思议的翰墨因缘,他感念一生,说张伯驹是多么信任朋友,珍视友情。而对于张伯驹,这一切却是自然平常的事情,就是他自己的一种生活态度和精神标准,即乐观、通达。

王世襄比张伯驹小 16 岁,但随着交往的增多,他们成了亲密无间的朋友,一如张伯驹与周汝昌那样。

“文革”之前,有一年元宵节后,王世襄骑车去看张伯驹,见他案上放着一幅他画的兰花。于是,他们从画兰谈到养兰。王世襄说北方养兰不太适宜,自己家虽无名种,普通的春兰却年年开花,也就心满意足了。张伯驹问他北方养兰需要什么条件,王世襄说,从春暖到深秋,支一个架子,放在南墙背阴处就行了。入冬后则费些功夫,每年还须换一次从绍兴运来的土,换前须把根清洗干净等。张伯驹想了一下,认为现在他家不具备上述条件,也受不了换土的累,就说:“现在你既有兰花,先借我一盆摆摆,开过即奉还。”未等王世襄回话,张伯驹即叫女儿张传綵骑车随王世襄回家取兰花。王世襄选了一个方盆的,已开、未开的有五六朵,用报纸围好,帮她捆在车座后架子上带回家中。在此后的两三年,王世襄每年都选一盆兰花给他送去。

“文革”开始,在“破四旧,立四新”,铲除资产阶级生活情调的氛围中,王世襄养兰花的条件也没了,兰花盆被砸成碎片,兰花也被扔进垃圾桶了。

1969 年至 1972 年,张伯驹最困难的几年间,王世襄还几次去看张伯驹,想不到张伯驹这几年中被打过“现行反革命”,戴过高帽子游街批斗过,被勒令爬行示众过,进过“牛棚”,当过“黑人黑户”,但他仍旧坦然自若,一如向他要兰花时那样自然、平常,不怨天尤人,除了年龄增长,心情神态依然故我。一次张伯驹独自坐在家中,在棋枰前打谱,王世襄去看他,因对围棋一无所知,又怕打扰张伯驹,稍坐即告退。

一次见张伯驹,张伯驹说他为某某朋友画了一幅《枫菊图》,他拿了请王世襄题诗,王世襄题诗后又拿给张伯驹看。诗“做得不错,颇合我意”。王世襄则说:“蒙您许可,荣幸之至,但格调不高,惭愧,惭愧。”

王世襄的题诗是这样的:“题丛碧伉俪合作枫菊图。银锭桥西宅不宽,黄花红叶耐霜寒。分明自写双清影,寄与词人作画看。”

王世襄也是一位学养深厚的诗词大家,甚至他随便写一小帖请柬,也能用词填成,如他的一首小词《浣溪沙》,就是写给客人的“请柬”:

千万烦您央及他,明朝一块到吾家。墙边桃树正开花。
若肯来时来莫晚,看花休待夕阳斜。还须吃杯杏仁茶。

这首小词充分流露出王世襄的风格、风趣,看似打油、戏言,却是不易写的。

其实,王世襄一辈子所受的挫折和冤屈也不比张伯驹少。1946年年底,他作为清损会专员曾赴日本押送一批善本文物回国,就是这样一段清晰且不负使命的历史,在1952年“三反”运动中竟定性为有重大问题,被关押看守所审查了10个月才被无罪释放。虽然洗去了不白之冤,文物局和故宫博物院却仍将他解雇除名;1957年为此事鸣不平,又被划成“右派”。1969年“文革”中被下放到湖北咸宁劳动,却不意在干活中,其肺病不治而愈。所以,王世襄有一句口头禅:不冤不乐。他解释说:大凡天下事,必有冤,始有乐。历尽艰辛,人人笑其冤之过程,亦即心花怒放,欢喜无状,感受最高享乐之过程。这就叫乐观、通达、智慧。

张伯驹和王世襄就是20世纪一部分超脱文人的典型,无论在怎样的大风大浪中,他们都始终保持了自己的一种生活态度和精神标准。

“雅为党人宋振庭”

张伯驹曾说,共产党里他有两个朋友,一个是陈毅,另一个是宋振庭。由此可见宋振庭在张伯驹心目中的地位和重要。其实,可以说,陈毅主要是张伯驹精神上的朋友，给予张伯驹的也主要是知识上、精神上的理解和同情，使张伯驹感到温暖，感到一个共和国的元帅原来也是这样的平易和知心。而宋振庭则不同了，宋振庭是张伯驹在一个相当重要、相当长的人生历程中一个遮风挡雨的领路人和照顾者、保护者，甚至与张伯驹朝夕相处，在生活上、工作上都是不可或缺的朋友，更是张伯驹精神上、知识上的知音和同道。有人说，张伯驹北上长春是他晚年生命的新一轮勃发，张伯驹的好日子在长春约略有4年光景。可以说，如果没有宋振庭，或者他遇不到宋振庭，他这4年的日子或许就是另一番景象。

那么，宋振庭究竟是一个什么样的人呢？宋振庭，1921年出生于东北边陲延吉市一个底层个体手工业工人家庭，原名叫宋诗达，一个很有诗意、很有文化的名字。果然，他虽初中毕业，却酷爱学习，自学成才，并且先后当过市委书记、省委宣传部部长、省委常委、省革委会副主任、中央党校教育长等职。他曾经的秘书刘景录曾用这样的话来比况宋振庭："在同样级别的领导干部里面，宋振庭是读书比较多的人；在读书多的人里面，宋振庭是党政职务比较高的人。"更重要的是，宋振庭是一个有着文人风骨、士人情怀的高级官员，更是一个懂得文物的人。

20世纪60年代初，他曾带人在北京琉璃厂采购书画，在一家店里发现几十张张大千的作品。当时，张大千人在台湾，头上顶着"反动文人"的帽子，其作品无人问津、售价低廉。宋振庭对随同人员说："张大千的艺术在将来会有让你们想象不到的大价钱。"他断然决定，买下能见到的张大千和另一位画家溥心畲的所有真迹。

一次，宋振庭在旧货市场上看到传世名画《归庄图》，要价700元，宋振庭一时掏不出这笔钱，又怕珍品流失，就卖了自己和妻子的两块手表，凑足数目，买回这幅画，后来又按原价转让给省博物馆。有了这样一个懂文物的领导，还会不把张伯驹当成一个宝贝和人才来对待吗？

宋振庭把张伯驹安排到省博物馆后，还对王承礼说，张伯驹的右派帽子不要到处说，内部掌握就行了，看能不能给他先设个既不违反要求，又能发挥他特长的位置，将来解决了他的右派问题之后，再行新的安排。王承礼经过认真考虑，在博物馆专门为张伯驹设了一个"副研究员"的岗位。

1962 年,经过宋振庭等相关人士的努力,张伯驹的右派帽子被摘掉了。于是,宋振庭和省文化局局长高叶一致同意,让张伯驹做省博物馆第一副馆长,而此时省博物馆并没有馆长。王承礼欣然同意。其实王承礼也是一个非常理解知识分子的党员干部,他本身就是著名的渤海史专家、东北史考古学家。他对张伯驹早有所闻,一直是非常尊重,在工作上热情配合的。对张伯驹在生活方面的照顾也非常周全。虽然职务位列张伯驹之后,但他把张伯驹做不了、不擅长的日常管理工作都井井有条地抓了起来。在政治上,王承礼非常理解张伯驹,他曾说过,张伯驹涉世不深,旧政治、新政治都不太懂,“我是支部书记,从事业出发,他是人才,对他要爱护、保护着点,招呼着点”,“宋振庭对他照顾,我也比较照顾”。这一番话,朴实、家常,却充满着对人的理解和热忱。

张伯驹生活和工作上的春天又一次来到了,他在长春期间,曾三次乔迁搬家,一次比一次条件好。而且张伯驹搬到哪里,宋振庭、高叶、王承礼等人的脚步就跟随到哪里,他们经常或去张伯驹家,或去省博物馆,在一起读书赏画,谈古论今,气氛十分融洽。通过与宋振庭的多次交流、交心,也让张伯驹从内心深处完完全全地认可了这个懂自己、懂文化的人,人生得遇知己,难也;人生得遇如此知己,运也!更何况宋振庭一直对自己执弟子之礼呢?

然而,不期然间,一种文人的聚会和一本小书不但给张伯驹带来了一次大麻烦,也给宋振庭带来了一场风险,几乎酿成灭顶之灾。这就是前面已经讲过的“春游社”活动和《春游琐谈》的印刷。当时宋振庭出于敬慕张伯驹的为人和学识,也常常参加“春游社”的活动,这种活动很类似一个文人周末的沙龙聚会。来的人又都是文化界的知名专家,这让长春的天气一时间飘拂起文化的五彩祥云。甲骨文专家于省吾、杰出的历史学家罗继祖等人都是“春游社”的中坚。

谁知到了“文化大革命”的年代,“春游社”被打成了“反革命组织”,省公安厅郑重其事地立案要“侦破”,并要宋振庭交代与“春游社”的关系,逼问宋振庭拿过什么机密文件给“春游社”的人看过。这弄得宋振庭哭笑不得,他坦然告诉公安厅的人说:“这些人是非线装书不读的人,给他们文件看是都不愿意看的。”又说:“张伯驹过去跟于右任、蒋鼎文、傅作义都是很好的朋友，但过去都不为他们干事，现在何苦搞反革命呢？”公安厅的人哪里会听宋振庭的肺腑之言。前前后后整整审查了3年，结果当然是不了了之。但把宋振庭给害苦了。

1966年“文革”爆发，张伯驹、宋振庭各自以不同的角色受到批判和斗争，他们的“春天”都变成了“冬天”。

“文革”中，上级要张伯驹写“交代”。张伯驹自然要交代与宋振庭的关系，于是他写了两条，第一条一句：“他说我不懂政治，要帮助我。”第二条两句：“宋振庭说我不是搞政治的，是才子名士，统战对象，我认为是知己。其实，才子名士是文化革命对象。”这两条“交代”说明什么呢？一是说明宋振庭的确把他当成了党外朋友、民主人士，同时也可看到他们确实是知己，感情很深。宋振庭在处处帮助他、保护他。二是不承认自己是才子名士，认为才子名士是革命对象、阶级敌人。而宋振庭把自己看成是才子名士，不就是包庇了革命对象吗？这两条“交代”岂不对宋振庭帮了倒忙？张伯驹果然是实话实说，毫无心机。

“文革”以后，宋振庭调中央党校工作，来到了北京。他仍然没有忘记他的老师和朋友张伯驹。有一年冬天，宋振庭由刘景录陪着来到后海南沿张伯驹家中，看望张伯驹。室内陈设简陋，客人坐在凳子上，屋里生着炉子，烟熏火燎。张伯驹却言谈自若，没有丝毫的失落感，一副平和、恬淡的神色，不俗不卑的节操和人格魅力，尽显其中。

还有一件事，也足以看出张伯驹对宋振庭的特殊感情。张伯驹有一个在天津工作的朋友叫张牧石，是诗词家、票友，也是知名的治印家。有一年张伯驹给张牧石写信，信中说：“又，吉林省宣传部长宋振庭闻我言，北方治印家惟君第一。欲得弟台治印二方。此人雅为党人，乃我道中人，与我交好甚笃。治印二方：一宋振庭印，一‘长白山氏’。名为白文，号为朱文，必然得心应手也。”在这封信中，张伯驹对宋振庭的感情、评价以及宋振庭的文人风趣都可以看得一清二楚。他们的关系是如此深厚。

张伯驹去世以后，宋振庭送上一副挽联：

> 爱国家、爱民族、费尽心血，一生为文化，不惜身家性命；
> 重道义、重友谊、冰雪肝胆，赍志念一统，豪气万古凌霄。

这一副挽联可以说是说透了张伯驹的一生和为人。

20 世纪 80 年代初,《张伯驹潘素书画集》整理出版,宋振庭欣然为画集作序,他在序中说:“当这本画集能出版的时候,我心里除了怀念伯驹老以外,我更怀念陈毅、张茜同志,我只想说一句话,陈老总:我总算做完了你交给我办的一件事——为实现你的好朋友张、潘二先生的夙愿,为出版这个画集,做了一点点我该做的事。”

宋振庭作完这篇序后不久,于 1985 年 2 月去世了。

“海棠留梦”张牧石

张伯驹有一帧照片大家都很熟悉,就是他晚年时的那张“抱猫图”。张伯驹坐在沙发上,显得超然、安详、率真,他抱着一只雪白的波斯猫,那猫也温顺地依偎在主人怀里。他身后站着的那个高挑身材、文质彬彬、戴着眼镜的中年人,就是张牧石,是张伯驹晚年词作、看花生活中不可或缺的一位朋友,但张牧石比他小整整 30 岁,是不折不扣的忘年交。

张牧石,1928 年生,字介庵,号邱园,天津人。天津市商学院法律系毕业,早年从寿石工研习书法、篆刻、倚声诸艺。除专业艺术外,又辅之以京剧、曲艺、舞蹈、武技。晚年曾为中华诗词学会常务理事、中国书协会员、天津文史馆馆员。而张伯驹对张牧石最看重的技艺则是诗词和金石治印。张伯驹晚年常用的印章就多出自张牧石之手,并说天津的张牧石与上海的陈巨来是中国时下篆刻界的“南陈北张”,又称张牧石为“牧石词家”,并推介给章士钊、龙榆生、夏承焘、叶恭绰、唐圭璋等人,互为酬唱。由此可见张伯驹对张牧石的器重。

张伯驹认识张牧石始于 1952 年,那一年初秋,张伯驹在北京主持成立了庚寅词社,与天津的梦碧词社开展了雅集活动。牡丹花开时,梦碧词社的同仁赴京赏牡丹;海棠花开时,北京的同仁则去天津赏花。在这种往来中,张伯驹发现了张牧石的才华,非常赏识,就开始了书信往来。但张伯驹与张牧石交往最频繁的时候还是在张伯驹的晚年。

20 世纪 70 年代，张伯驹（左）与友人张牧石（右）合影。

20世纪70年代,每年海棠花开时节,张伯驹必去天津看花。白天逛公园,晚上就住在张牧石家里。那时候张牧石家住房狭窄,张伯驹就在他的单人床边上接一块木板,与朋友同榻而眠,与张牧石畅谈诗词书画,尽兴之后酣然入睡。有时张伯驹和夫人一块儿去,张牧石就在一间房子里拉上一个床单隔开相住。就是这样极为拥挤狭小的空间,张伯驹不但没有嫌弃、不惯,反而感觉舒适,忙得不亦乐乎。

有一年张伯驹又来天津,下了火车,坐上4路公交车,到站下车后,一摸口袋,钱包被人偷了。他悻悻地来到张牧石家。当时,他身穿一套毛料衣服,头戴鸭舌帽。在那个年代,这身打扮十分招眼。张牧石说:"你这身打扮,又不注意,小偷不偷你偷谁?"张伯驹听了,双手一摊,大笑起来。虽然没钱了,但住在张牧石家里一切照旧,张牧石夫妇只好强撑门面,尽力保持张伯驹的一切吃喝用项,张伯驹也很自然地接受。过了几天,张伯驹回到北京后,却把所有在天津花销的钱寄回来了,张牧石夫妇非常感慨,张牧石说,张伯驹是真正的赤子之心啊!

张伯驹每次到天津后,天津的诗词界、书画界和演艺界的朋友都到张牧石家与张伯驹聚会。来者除谈艺外多求张伯驹书画留念。他是有求必应,有的求画梅、兰、竹、菊或其他文人画小幅,有的求以自己名字作的联语。晚饭后,张伯驹则与张牧石、寇梦碧、陈机锋等人打诗钟,多年作的诗钟数以千计,后来就集成一册,名为《七二钟声》。

1978年春天,张伯驹又一次到天津看海棠,正赶上张牧石51岁生日,张伯驹即兴填了一首《卜算子》:

卜算子

戊午暮春初八日,李氏园看海棠正半开,值牧石词家五十晋一寿,可谓花与人并胜。因赋此阕为祝即乞正拍。

节到海棠天,有客迎三径。酒浅能教意更深,乐事添清兴。　　恰是半开时,向晚风初定。春色无边去又来,人与花同命。

中州张伯驹时年八十又一

张伯驹还手书过一副嵌名联给张牧石:"牧野鹰扬开地阔,石头虎踞望天低。"不仅把"牧石"二字拆开巧妙地各嵌入上下联第一字,而且对仗工稳,意义非凡,气魄极大。

最后,还是交代一下张伯驹所抱的那只纯白的波斯猫的来历吧。这只猫其实是张牧石的女儿张秀颖的宠物,是张牧石动员女儿送给张伯驹的。

那是20世纪70年代初,张伯驹刚从东北回到北京不久,张秀颖还是个天真的小姑娘,离她家不远处住着一位宁波老太太,人送雅号"猫奶奶"。那一年"猫奶奶"弄到一只雪白雪白的正怀着小猫的纯种波斯猫,张秀颖就央求"猫奶奶"到时候送她一只,没想到她爽快地答应了。于是,张秀颖就天天盼呀盼呀!终于有一天母猫生了3只小猫,张秀颖赶紧选了一只最漂亮的。因怕被别人拿走,小猫还没有断奶,张秀颖就把它抱回家了。从此,小姑娘每天都把小猫揣在怀里,定时4趟去"猫奶奶"家,让猫妈妈喂奶,她上学时就由父亲张牧石替她送去喂奶。就这样风雨无阻一个多月,小猫咪渐渐断奶,也长大了,白嘟嘟的,活泼可爱,成了小姑娘的宝贝。

突然有一天,张牧石和女儿商量,想把这只小猫送给远在北京的张伯驹爷爷,说张爷爷可喜欢猫了。张秀颖一听可真是万般不舍,但又想到张爷爷每次来天津都给她带来巧克力(那时候很少有巧克力吃),还是点点头答应了。

张牧石高兴极了,立即买了火车票,带着女儿,抱着这只可爱的波斯猫去北京了……

张伯驹去世后,张牧石写了两首绝句挽之,其中一首云:

残泪依稀泪梦痕,海棠时节又黄昏。
剩春从此应难展,恻恻风光李氏园。

2011年,张牧石已经83岁,在他生命的暮年,他忍受着病痛的折磨,开始撰写《张伯驹先生轶事》,约为20则。在雅致的十竹斋水印花笺上徐徐书写，一页页带着浓浓书卷气的信笺，满含着对张伯驹的深情，也向世人描绘了自己心中老友张伯驹的形象：直率、旷达、高雅、富不骄、贫能安，临危不惧、宠辱不惊，似童子天真嬉笑，又深藏文人赤子之心，真乃千古一高士也。

第十五讲 家和万事意悠悠

一般人大都熟悉张伯驹传奇的一生和他与潘素的伉俪情深，而不太熟悉他的整个大家庭和其后人的现状。其实，张伯驹儿女双全，后继有人。不仅儿子，女儿都健在，且其各自家庭俊才辈出，或直接承传传统文化艺术事业，或别辟新路，展现才华。在他们身上，我们看到了张伯驹优秀家风的传承和延续。上一讲介绍了张伯驹和他的几位朋友的交往，那么，张伯驹在他的家人心目中，又是怎样的呢？张伯驹后人的生活情况又是怎样的呢？在这一讲里，我们就作以简要的介绍。

生死相匹

首先讲一讲和他夫人潘素的相处。20 世纪 30 年代,上海滩张伯驹和潘素那段婚恋传奇和真实的相恋经过,我们已经讲过了,我觉得他们夫妻几十年生活中更加难得的还是夫妇恩爱,举案齐眉,甘苦与共,尤其是在事业上的互相支持。

有人评价潘素说:"潘素在巾帼中不愧是一个出类拔萃的人物,她是美貌与气质兼有,坚毅与浪漫有之,忠诚与大气共存的一个女性,尤其是她以自己独特的聪慧成全了丈夫,成就了事业。"张伯驹和潘素结婚以后,才知道家里人说张伯驹是个"败家子",意思是说张伯驹把家里的钱都用在收藏文物上了,因而反对他这样做,可潘素却不惜一切支持他。新中国成立以后也是这样,在这方面有一件小事很有意思。

新中国成立初期,好多人家都在拍卖家藏的古字画,张伯驹却不惜一切还要买。但家中没有现款,潘素就去街上用金子换现款,不料被公安人员发现,扣起来了,当时还有一位她认识的陶老先生,也因为同样的事情被拘押,都关了十来天,后来公安局弄明白了情况,才向潘素道歉放回。

日常生活中,潘素更是什么都依从他。新中国成立后,他们因只是依靠工资吃饭,经济不免紧张,已是今非昔比了,所以,张伯驹相中的古画虽好,可一想到现实的经济状况和未来漫长的生活之需,潘素就有些犹豫。一次,张伯驹见妻子潘素没有答应自己购买古画的要求,先是说了两句,接着索性躺倒在地。任潘素怎么拉,怎么哄,也不起来。最后,潘素不得不允诺:拿出一件首饰换钱买画。有了这句话,张伯驹才翻身爬起,用手拍拍沾在身上的泥土,自己回屋睡觉去了。

在第二讲中,我们讲到他们夫妇伉俪情深。1941 年张伯驹被匪徒绑架,是他们的爱情经受的第一次灾难和考验。实际上比这种磨难更大的灾难还有很多。

潘素经历的第二次灾难和考验是张伯驹于 1957 年在反右派斗争中被划

为右派。这一事件对于他们整个家庭来说是一个灭顶之灾，是对他们家庭的一次沉重打击。

一些家庭在丈夫或妻子被划为右派后，为不连累、影响子女前途，就选择了离婚，造成了家庭的悲剧。

张伯驹被打成右派后，自然也失去了工作和工资。好在张伯驹是民主人士，倒是把被划为右派一事看得很淡，他曾对章伯钧说："这顶帽子对我并不怎么要紧，我是个散淡之人，生活是琴棋书画。用我，我是这样。不用我，我也是这样。"

关键是潘素怎么看待这件事。新中国成立以后，潘素在政治上一直是追求进步的。1951 年，为支援抗美援朝，潘素和何香凝等人积极绘画，参加义卖活动。潘素还画山水画为毛泽东祝寿，表达了对领袖的热爱之情。1956 年，她又支持丈夫把他们珍藏的极其珍贵的 8 件书画文物捐献给国家。这一切都表明了潘素在政治上是追求进步的。潘素选择了和张伯驹一起承受，一起分担这一政治上的打击和家庭的灾难，用妻子的爱情和温情去默默地减轻张伯驹的痛苦，这该是一个多么坚强和明智的妻子啊！

更令人感动的是，张伯驹被划为右派后，一直在家，没有工作，没有工资。1961 年，吉林省艺术专科学校聘请潘素前往教学，这时，潘素仍然首先想到的是张伯驹，她以个人去东北，张伯驹无人照护的困难，表示不愿一人出关工作，从而促使对方作出连张伯驹一起聘请的决定，这种妻子的担当和关爱也是不多见的。无论何种情况，潘素对丈夫始终是一心一意，不离不弃，是一般人很难做到的。

张伯驹一生命运多舛，灾难不断。比被打成右派更加沉重和难以忍受的灾难还在等待着张伯驹。

1966 年，"文化大革命"在全国爆发，"文革"中的张伯驹遭遇到人生中最残忍、最无奈、最无助的灾难。张伯驹先是被定性为牛鬼蛇神、反动学术权威，接着在长春体育馆被勒令跪着、爬着参加万人批斗会。同时，家庭被抄，不久，又因一首《金缕曲》被打成"现行反革命"。要知道，"现行反革命"是比"右派"还要严重的罪名，轻则可以判刑，重者直至被枪毙。张伯驹被打成"现行反革命"后，职务被撤销，工资被取消，又被关押、学习了 8 个月，然后被强令退职,遣送舒兰农村插队落户。张伯驹落到这样地步,真可谓人生的绝境,叫天天不应,叫地地不灵。

然而,即使在这样的灾难面前,潘素仍然没有退缩,无怨无悔,泰然处之,再一次和丈夫共渡难关。

她和丈夫真的沦落到了没有工作、没有饭吃、没有住处的山穷水尽的地步,但是,这种人生的无奈和酸楚照样没有动摇潘素对丈夫的温情和坚贞。她东挪西借过起了等同于乞讨的生活。潘素后来回忆起这一段生活说,最难堪的还是去亲友家告借的情景,常常是驻足于亲友门前,徘徊踌躇不敢敲门,敲开了门欲言又止,最后是搪塞几句羞愧离开。这一切窘况,她都默默地承受着,不告诉丈夫。

福无双至,祸不单行。张伯驹于政治上陷入绝境之时,又身患重病,卧于床上,数日高烧不退。困境之下的潘素,又是请医生、抓药、煎药,又是汤汤水水、吃饭穿衣、精心调理,日夜呵护,直到张伯驹病愈,转危为安。

无论是在精神上还是在世俗的日常生活中,甚至可以说:潘素忠贞不贰的爱情,不仅丰富了张伯驹的精神世界,也为其词作、题材的开拓与艺术的锤炼起到了不可替代的作用;是潘素对丈夫艺术事业的理解和对丈夫超然洒脱的人生境界的认同、成全,保全了张伯驹这位名士坦荡超逸的旷世高风。

当然,张伯驹对潘素的感情也是很深的,越到老年,这种感情越发深厚。20 世纪 80 年代初,张伯驹曾一人去北京西郊莫斯科餐厅吃饭,孤寂索寞,慢慢用餐,喝完红菜汤,却小心地从口袋中掏出小手巾一方,把抹上果酱及黄油的 4 片面包细心包就,然后提着小包从人丛中缓缓隐去。不用说,张伯驹包好的面包就是带回家给潘素吃的。要知道,改革开放初期,群众的生活还是比较紧张的,这 4 片小面包,在今天看来不值一提,但在当时,其中却包含着多么深厚的情义啊!

张伯驹和夫人潘素一生就是这样相敬如宾、相濡以沫,夫妇恩爱。有人问:那他们一生打过架没有啊?这个问题问得真是有点刁钻,因为人们知道,再好的夫妻也几乎没有不打架的。那么,张伯驹夫妇打过架没有呢?笔者当然不知道,也没听人说过这个问题,倒是偶然见过一篇路东之写的一篇文章《游春主人今何在》说到了这个事情。

1981年，院内白丁香怒放，张伯驹、潘素夫妇心境大佳，喜召女儿张传綵（后排右二）、女婿楼宇栋（后排右一）、外孙女楼朋林（后排左一）、楼朋竹（后排左二）在丁香树下留影。

他说,20 余次去过张伯驹家的刘一正告诉他,他就多次遇上老两口打架,为什么呢? 好几次是张伯驹要写字研墨,可潘素舍不得那点儿好墨(一定特别好)给他使,张伯驹立即就急,脾气老大。你看,文人家生气打架的原因也带着文化的因素,你说幽默不幽默?

张伯驹的老朋友马宝山也说过,张伯驹、潘素生气打架也并不稀罕,也是很有意思的。说有一回张伯驹举着鸡毛掸子撵得潘素围着桌子转,谁也劝不了,谁劝打谁。还是马宝山亲手把掸子从他手中夺下来。张伯驹气呼呼地说:"真是气死我了!"你看,这种生气打架就像舞台上演戏一样!

看来,还是一句俗话说得好,谁家的烟囱不冒烟呢? 各家都有一本难念的经,名人家庭也不例外,相反,这种生气吵架倒像溪流中激起的小浪花,一路欢歌,有了这种浪花,生活的奔流才更有活力。

血脉亲情

张伯驹一生有两个子女,儿子张柳溪,女儿张传綵。

张柳溪生于 1927 年,1949 年毕业于辅仁大学,毕业后分配到石家庄工作,高级工程师。妻子朱道纯,河北雄安人,可谓生在白洋淀边,是一个医务工作者,后成为主任医师。

1952 年,王韵缃和张伯驹离婚,就来到了石家庄儿子家中。

张柳溪邻居的儿子叫东东,喊张柳溪为伯伯,自然喊张伯驹的妻子王韵缃为张奶奶了。他说,张奶奶皮肤白皙,中等个儿,身材匀称,具有江南人的气质,慈祥和蔼善良,宽容大度,闲暇时会看一些小说,她和院里的每一家都相处得很好,从没发生过与人红脸的事情。王韵缃对于和张伯驹离婚,也从没有什么怨言,她知道自己文化程度低,不懂艺术,她很理解张伯驹,知道张伯驹和潘素都是有学问的人,他们才有共同的爱好和语言。

东东说,他和张柳溪的大女儿嫣嫣同学,但直到多年后,才知道嫣嫣的爷爷就是张伯驹。

张柳溪除大女儿嫣嫣外,还有儿子张迎、小女儿婷婷。

张柳溪说,儿子张迎的名字就是他爷爷张伯驹给起的。他出生时,正值全国迎接第一个五年计划的开始,就叫张迎。

张柳溪身材瘦高,步履不急不慢,言语不多,不苟言笑,常年戴着一副眼镜,很斯文的样子,外貌酷似张伯驹。他生活、为人都很低调,从不主动对外人说起他的父亲就是张伯驹。张柳溪说,除组织上知道他是张伯驹的儿子外,他的同事、邻居大多也不知道,他也从不对自己的儿女说,他们的爷爷就是张伯驹。所以,他的外甥女都去问他:"张伯驹是谁呀,我怎么不知道呀?"

张柳溪是学工的,一直从事经济工作;他爱人朱道纯毕业于北平国立第一助产学校,从事妇幼保健工作。他们的大女儿嫣嫣1977年恢复高考后考入河北医学院,毕业后也成了一名医务工作者;他们的儿子张迎,憨厚实在,言语也不多,特别是那高大的身材,高高的鼻梁,也很像张伯驹。张迎中学毕业后成了插队知青,后来随知青大批返城,进入一家工厂,后来也接受了高等教育;他们的小女儿婷婷爱说爱笑,非常活泼,小小年纪就学会了炒菜做饭,裁缝衣裳,大学毕业后,成了石家庄铁道学院的一名副教授。

更怪的是,张柳溪的孙子、孙女辈也都是学理工科的,没有一人是报考文科的。

但要说张伯驹对他的儿子、儿媳一点儿影响也没有,倒也不确切。张柳溪退休后,过着平静的生活,他在自家客厅里挂着"静心随缘"的横幅,自己又创作了一幅名为《严雪隐夕阳》的国画,表达自己历经岁月风浪后的心境;他爱人也会画国画,也用国画画过记忆中的白洋淀风光。你看,他们还都是业余画家呢!

张伯驹一生遭遇的挫折,对张柳溪一家人的影响在"文革"中还是很大的。他们一家人顶着右派家属、右派子女的帽子,当然处处受到歧视。所以,张伯驹对自己的右派身份对孩子们造成的影响还是十分内疚的。1979年夏,他被平反昭雪以后,还特意带领儿子张柳溪、孙女嫣嫣和婷婷,头顶骄阳,由后海南沿的家中步行穿过胡同,来到当时位于北海的中央文史研究馆,开了关于张伯驹错划右派,已平反的证明。张伯驹郑重地说:"凭这证明,交给组织上,把你们档案中有关我的情况说明一下。"看来,张伯驹一生虽然远离政治,但他还是不想因为自己而影响子孙们的前程。

对孙子张迎,张伯驹很关心。比疼自己的儿子还疼爱孙子,张迎毕竟是他唯一的孙子嘛。张迎结婚时,就去了北京,新婚夫妻就住在爷爷张伯驹家里,张伯驹非常喜欢。张伯驹生病住院后,张迎在医院里给爷爷洗脚,张伯驹感到很满足,很舒服。吃饭时,张伯驹更是目不转睛地盯着孙子,看他吃饭,那种深情,外人是很难体会得到的。

张伯驹去世以后,张柳溪仍然和他的三妈潘素保持着很好的关系,潘素也一直在关心着儿子张柳溪。至今,张柳溪还保存着几封潘素给他的书信,其中一封是 1987 年 2 月 3 日写的,信里写道:

柳溪儿:

来信收悉,春节前搬回后海南沿,一直忙于社会活动及作画。本月开全国政协会议,会后可能去香港做画事。眼很不良。麻烦你十月来京住家里,不要住在其他家。你注意身体,不多言了,见面再讲,代问全家好。

潘素

八七年二月三日

相依为命

张传綵是张伯驹唯一的女儿,女婿是楼宇栋。楼宇栋 1950 年考入燕京大学新闻系,后进入北大中文系。1954 年毕业后被分配到中科院考古研究所从事考古编辑工作。1961 年支援大西北,来到了西安,张传綵就当了小学教师。楼宇栋常说,学新闻的却搞了考古,真是有趣得很!

1971 年 10 月,张伯驹在写给周恩来总理的信中,曾写到女儿一家的情况,他说:“我有一女在西安教小学,欲往投奔,小女夫妇月入甚微,有子女四人(二人上中学,一上小学一甫三岁),无以安排其父母……”

信中所提到的子女四人,就是他的外孙女、外孙。外孙女是楼朋林、楼朋竹,外孙是楼开肇、楼朋革。

1978年以后,张伯驹已进入中央文史研究馆,接着被平反昭雪,其时年纪也大了。张传綵一家也从西安回到了北京,楼宇栋则到文物出版社做了编审。从此,张伯驹夫妇就和女儿一家生活在一起,可以说是其乐融融。

张传綵对父母感情极深,20世纪60年代初,张伯驹夫妇在吉林长春,张传綵曾携儿带女,远道数千里,从西安奔波到东北长春,去看望她的父母,以慰藉老人的孤独。

1978年和父母生活在一起以后,张传綵的年龄也大了。因为早年未随父母亲学习书画,只是研习古筝。现在和父母生活在一起了,经常看着父母画画,特别是看着母亲作画,耳濡目染,对绘画也产生了强烈的爱好和向往,但又想,这么大年纪了才开始学画,觉得非常难。母亲潘素看出了女儿的心思,就说你学画梅花吧,你父亲一辈子爱梅、画梅、咏梅,梅花是非常有风骨的,傲雪绽放,不畏严霜,正如我们做人,要刚正不阿,不趋炎附势。

在母亲的悉心教授下,张传綵的画艺进步很快,从此,张传綵专攻写梅且深爱梅花,成了画梅的知名画家。1995年,《张传綵百梅图》在南京展出。她从所画梅作中择优选出百幅,由国内百位著名书画家为其题诗填词。她的梅花用笔入神,给人以绝美的享受,受到了观众广泛的好评。多位艺术大师如刘海粟、萧劳、朱家溍等也在画幅上题了字。

张伯驹因为和女儿一家住在一起,自然和外孙、外孙女的接触多了起来,那么,张伯驹在外孙、外孙女的眼里是怎样一个人呢?

他外孙楼开肇就认为,姥爷张伯驹虽然是一位和善可亲的老者,但在他的记忆中,张伯驹会为了想吃一个桃子没有如愿,就坐在地上耍赖,俨然一个略带顽皮的小老头、老小孩儿。

楼开肇还说,他小时候,和外公、外婆并不是住在一起的。他和父母住在西安,外公、外婆在吉林。他和父母亲是要隔上一段时间才能见上一次姥爷姥姥的,但这种相聚多是张伯驹夫妇去西安。可是每每见了面,姥爷都督促他学习,很严厉,说一不二。早上起来,姥爷在案头上随手拿笔写一首诗或词让他背诵,或者教他练习书法,并且要在当天背诵下来,如果背不出来是不让吃晚饭的。这样一来,使他也渐渐地对祖国的传统文化产生了浓厚的兴趣，尤其是对绘画情有独钟。后来，楼开肇就跟外婆学起了青山绿水画。

1978年以后，楼开肇随父母回到北京，就住到了外公张伯驹家里，这时候他对后海南沿26号才有了认真的观察。他说，外公、外婆的小院不大，但春有紫藤、白丁香、红牡丹，盛夏有芭蕉几丛，秋有菊花满院，冬天干树枝上的红柿子映着白雪，格外好看。

一到春天，外公就叫他在院子里种下很多牵牛花。这种牵牛花一到盛夏，花开得非常繁盛，万紫千红，花香四溢。他还说，外公从青少年时代便喜欢猫，所以家里一直养着几只波斯猫，常在院里嬉戏，即使在那个物质相对匮乏的年代，他们的小院里依旧生机盎然。

楼开肇渐渐长大了，变成了一个年轻力壮的帅小伙，他又为外公当起了“司机”。车呢？就是自己的自行车。外公外出办事，或者是上中央文史研究馆、上文化部，都是他用自行车驮着姥爷去的。这样的情景就被章诒和见到过一次，写进了《君子之交》一文中。她说，1980年冬天，一天中午，他看见张伯驹从一个机关大院里出来，手持拐杖，缓缓而行，身穿宽大的丝绵衣裤，已是老态龙钟。有个小伙子站立在大门口，扶着辆自行车，伸手接过张伯驹的拐杖，一把将他扶上自行车的后架，叫他坐好，即驮着自己的姥爷走了。

这一幕，成了张伯驹晚年生活的一道风景。

楼开肇长大了，也记住了20世纪70年代末，常去他们家的客人，有沈裕君、孙墨佛、刘海粟、萧劳、王遐举、吴祖光、许麟庐等，都是文化界知名人士。从他们口中，他更加了解了姥爷张伯驹，一个把自己珍藏的文物珍宝，无偿献给国家的人，其大爱情怀堪为楷模，不愧是一个伟大的爱国者。

张伯驹那两个可爱的外孙女，就是楼朋林和楼朋竹，还是一对双胞胎呢。两个外孙女的形象第一次出现在张伯驹的诗词中是在《秦游词》的《啰唝曲》中，张伯驹在小序中写道，“携两外孙女雁塔看腊梅”。词共四首，其中第三首写道：

两小痴骇女，生来亦爱花。
背人踏积雪，偷折献阿爷。

《啰唝曲》单调20字，四句两平韵，也可看作五言绝句。在这首词中，两个小姑娘的形象是多么乖巧可爱啊，“痴”就是年幼无知，两个年幼无知的小姑娘已经知道，趁人不注意的时候，去踏着雪偷折梅花了，折了梅花，却欢天喜地地献给姥爷。你看，从这几句清新、简洁的词句中，似乎也可以感受到张伯驹那天真的童心。在其他词集例如《雾中词》中，张伯驹也有“携外孙女游紫竹园，天半阴，坐湖边，蝉声断续，白莲初开”的记述，可见张伯驹对外孙女的喜爱。

外孙女楼朋竹对少年时代的回忆就是家教十分严格，外公、外婆让楼朋竹学习琴棋书画，这些是她少年时必修的科目，甚至还学习了中医针灸，学昆曲、学书法、学绘画、背古诗，每天都有考核。弹古琴时，外公都会把她叫到面前，听她弹完一曲后才入睡。当然，有紧张也有开心的时候，因为她很乖巧，外公就常常带着她去赴宴，吃好吃的，又见了世面。有时候，姥爷给他的朋友写了信，只要不太远，就叫她当信使，给人家送去，她也觉得很新鲜。

楼朋竹记得最清楚的一件事是姥爷过80岁生日。那是1977年，中国人讲究“做九不做十”，所以提前一年做了八十大寿。姥爷爱吃西餐，准备在莫斯科餐厅请亲朋好友聚会。生日前几天，他就开始筹备。他把需要请到的人一一用毛笔列出名单，再用信封写好地址和姓名，派出家里的晚辈和年轻朋友送上门去。楼朋竹当然也是信使之一。她记得邀请的人有：年辈最高的田个石先生、沈裕君先生和夫人、萧钟美先生、夏承焘先生及夫人吴无闻先生、黄君坦先生、徐邦达先生、童第周先生、周汝昌先生、刘志学先生及夫人、周笃文先生等。生日的那天，楼朋竹发现姥爷请的那些老人，即便上了年纪，身形不复挺拔，也仍旧精神矍铄、仪容整肃。可见他们也都十分看重这次祝寿。

祝寿的菜单前一天就交给了莫斯科餐厅，点的是姥爷过去爱吃的菜品：奶油烤杂拌、土豆沙拉、奶油烤鱼、油焖大虾、炸猪排、炸虾排、黄油鸡圈儿、罐焖牛肉、罐焖羊肉，还有几瓶红酒，基本上把餐厅最好吃的菜品都点齐了，请大家享用美食。

大家正要就餐的时候，张伯驹挥了一下手：“慢点儿，我要宣布一件事情——现在可以开始做事了。我想请大家一起组成一个创作诗词的词社，需要商讨一个词社的名称。我还想整理自己的词作出版个词集，也想和老友们商量。”

自从1976年粉碎“四人帮”以后，张伯驹看到国家形势正在好转，所以一直想做复兴传统文化的工作，这也是他晚年最大的愿望。但因为自己的年龄大了，力量有限，所以他这次大张旗鼓地做寿，其实是以生日为名，宣布他的内心想法，借以争取在座的许多大学者们一起动手，为继承和发扬传统文化做事。

大家听后一片欢呼赞同之声。老人们一起举杯向张伯驹夫妇敬酒、祝寿。这时候，张伯驹脸上露出了心满意足的笑容。

这就是张伯驹，祝寿还不忘做事。

楼朋竹说，自己的一生受姥爷影响最大的事情，就是她人生中最大的选择之一——职业选择。起因是外婆的一幅画装裱时裱坏了，外婆回来就对外孙女楼朋竹说了一句：“你学装裱吧，以后给姥姥裱画。”没想到，张伯驹对这个决定一百个赞成，因为这个行当直接与他的文物收藏、文物保护挂上了钩。

楼朋竹18岁那年，被介绍到北京画院，正式拜王庆仁为师学习北派装裱。24岁时，楼朋竹进入首都博物馆，正值故宫博物院南派装裱师傅孙承枝退休受聘于首都博物馆传授古书画修复技术，遂拜其为师。之后，楼朋竹在书画文物修复的岗位上一干就是30多年，主要承担古代书画类文物、古籍善本类文物以及纸、绢类文物的修复工作。如今，她已成为文物修复专家。她还记着外公对她说的“传统啊，要好好学”的话。现在，她把自己的儿子也送到了故宫博物院从事古代字画的修复工作，张伯驹的文物保护事业后继有人了。张伯驹的另一个外孙女楼明林，在北京市文物研究所工作，也在从事着文物保护和研究工作。

参考资料

1. 项城市政协:《张伯驹先生追思集》,紫禁城出版社 2011 年版。

2. 寓真:《张伯驹身世钩沉》,三晋出版社 2013 年版。

3. 张伯驹:《素月楼联语》,华文出版社 2012 年版。

4. 张伯驹:《春游琐谈》,中州古籍出版社 1984 年版。

5. 任凤霞:《张伯驹先生在吉林》,《文存月刊》2018 年第 2 期。

6. 任凤霞:《慧心百年素韵流芳》,《文存月刊》2015 年第 6 期。

7. 荣宏君:《国宝传奇张伯驹》,山东人民出版社 2017 年版。

8. 张传綵:《追忆我的父亲母亲》,《紫禁城》2018 年 3 月号。

9. 楼开肇:《我与外公张伯驹的点滴往事》,《紫禁城》2018 年 3 月号。

10. 郝炎峰:《张伯驹的大家之道》,《紫禁城》2018 年 3 月号。

11. 楼朋竹:《怀念我的姥爷》,《北京晚报》2018 年 2 月 12 日。

12. 东东:《隔壁住的张奶奶》,《北京晚报》2018 年 4 月 21 日。

13. 楼宇栋、郑重:《中国文博名家画传:张伯驹》,文物出版社 2008 年版。

14. 张伯驹:《张伯驹词集》,文物出版社 2008 年版。

15. 周伦玲:《周汝昌与张伯驹二三事》,《文汇报》2013 年 4 月 29 日。

16. 张秀颖:《张伯驹爷爷和猫》,《中华老年时报》2016 年 1 月 7 日。

17. 康凯:《张伯驹和京剧——读〈张伯驹集〉随笔》,《文汇报》2014 年 9 月 23 日。

18. 康凯:《浅谈张伯驹先生的戏曲研究》,《戏剧研究》2014 年第 6 期。

19. 张孝玉:《烟云过眼寓于胸——张伯驹书法研究》,《书法导报》2017 年 9 月 6 日。

20. 简贵灯:《名票张伯驹先生〈红毹纪梦诗注〉中的京剧史料价值》,《新世纪剧坛》2016 年第 3 期。

21. 谢燕:《张伯驹词研究》,华东师范大学 2009 年硕士学位论文。

22. 李楠楠:《张伯驹书画收藏研究》,中央美术学院 2014 年硕士学位论文。

23. 柳梁:《烟云过眼寓于胸——张伯驹鉴藏研究》,中央美术学院 2016 年硕士学位论文。

24. 曾焱:《王世襄与他的朋友们》,《三联生活周刊》2014 年第 21 期。

25.《项城市文史资料》(第十八辑),2008 年。

后　记

这本书写得有些特殊，因为写作方法和语言的使用与我以前所写的《张伯驹传》《张伯驹词传》有较大不同。语言“深入浅出”和“通俗易懂”，经过反复修改，这个目的基本达到了。此书的写作方法与《张伯驹传》不一样，传记我采用了编年体，采用的是“纵排横写”的写作方法，而此书采用了“横排纵写”的写作方法。

这种写作方法果然有其灵活的好处，许多传记中不易展开的内容，在这里可以列出题目，尽兴一讲。诸如关于他“诗钟”“联语”的逸闻，有关“性格”“字号”的趣事，等等。同时，随着学界对张伯驹研究地深入，书中融入了许多新的研究成果，并对过去的一些说法也给予澄清。因此，风格清新、内容新颖是此书的亮点。

感谢高恒忠、王丽歌、秦国攀、苑永嘉等诸位老师两年来在我写作中给予的指导和帮助！

感谢这些年来给予我鼓励和帮助的亲人与朋友！

我亦深知，由于水平所囿，书中错误偏颇之处在所难免，在此恳请方家批评指正。

张恩岭

2020 年春于周口师范学院揽月湖畔